世界顶尖科学家系列丛书

第四次科学革命

顶尖科学家描绘的蓝图

王侯 主编

世界顶尖科学家协会（WLA） 世界顶尖科学家论坛（WLF） 出品

北京时代华文书局

图书在版编目（CIP）数据

第四次科学革命 / 王侯主编 . — 北京 ：北京时代华文书局，2020.12（2023.8 重印）
ISBN 978-7-5699-4069-5

Ⅰ . ①第… Ⅱ . ①王… Ⅲ . ①科技革命－研究 Ⅳ . ① G301

中国版本图书馆 CIP 数据核字（2021）第 010025 号

第四次科学革命

DI-SI CI KEXUE GEMING

主　　编 | 王　侯

出 版 人 | 陈　涛
特约策划 | 闻正兵　李卫东
策划编辑 | 周　磊
责任编辑 | 周　磊
责任校对 | 凤宝莲
封面设计 | 有品堂 _ 刘　俊　张俊香
版式设计 | 赵芝英
责任印制 | 訾　敬

出版发行 | 北京时代华文书局 http://www.bjsdsj.com.cn
　　　　　北京市东城区安定门外大街 138 号皇城国际大厦 A 座 8 层
　　　　　邮编：100011　电话：010-64263661　64261528

印　　刷 | 三河市嘉科万达彩色印刷有限公司　0316-3156777
　　　　　（如发现印装质量问题，请与印刷厂联系调换）

开　　本 | 710 mm×1000 mm　1/16　印　张 | 12　字　数 | 205 千字
版　　次 | 2022 年 1 月第 1 版　印　次 | 2023 年 8 月第 2 次印刷
书　　号 | ISBN 978-7-5699-4069-5
定　　价 | 42.00 元

"第四次科学革命"正在加速到来。在人类历史上，迄今共出现过三次"科学革命"，分别是：

　　第一次科学革命来自古希腊的科学家们，他们为人类留下了丰富的科学遗产。

　　第二次科学革命指17世纪的牛顿时代，从哥白尼的"日心说"到牛顿力学，科学发展达到历史上前所未有的高峰，出现了职业科学家群体并建立了近代科学体制。

　　第三次科学革命发生在19世纪中叶到20世纪初，以电磁学、生物学、热力学、化学、地学等取得的重大突破为起点，以爱因斯坦的相对论和海森堡、狄拉克等人的量子力学为最高峰。

　　第四次科学革命将是依靠信息论、系统科学、人工智能、生物医学、纳米化学等，由系统生物科学开启的新一轮"科学革命"。

编 委 会

主　　编：王　侯

编　　撰：

第1章　陈　辉

第2章　崔　雨

第3章　陈　辉

第4章　崔文喆

第5章　邹赜韬

第6章　陈　辉

第7章　阮　辉

第8章　张小生

第9章　邹赜韬

审　　校：

饶　楠　林高庭　江文峰　陈　蕾　许志伟

吴梦玥　周伟民　田晓震　郦音悦

出　　品：

世界顶尖科学家协会（WLA）

世界顶尖科学家论坛（WLF）

我们终将重新享受生活

回望2019年年末与2020年年初，人们很难想象2020年年底的世界会是什么样子。过去这一年，我们共同经历了波及全球的新冠肺炎疫情、全球经济体系的严重错乱以及随之而来的不确定性和绝望。直到我们跨入2021年时，这些糟糕的事情仍未完结，这些事何时结束依然是全人类的共同关切。

尽管如此，我们依然怀抱希望，努力克服眼前的困难，拥抱未来的幸福。有效的新冠病毒疫苗业已推出，新冠肺炎疫情终将结束。我们仍会面对一段困难时期，但最后，世界上大部分人口将获得对新冠病毒的免疫力，重新享受生活。我们可以肯定，人类会有一个更加美好的明天。

战胜新冠病毒需要付出大量的心血和代价，最终要依靠科学，尤其是国际科学合作。新冠病毒疫苗在不到一年的时间内研制成功并上市，仅花费了通常情况下研制疫苗所需时间的十分之一。新的方法可以应对未来不可避免会出现的新型病原体，更快速地生产有针对性的疫苗。

除了疫苗研制方面的进展，我们未来还将根据需要，开发新的诊断和治疗方法，并将类似的方法更快地应用于可能出现的新型病原体。

世界顶尖科学家协会长期致力于推动基础科学研究、倡导国际合作、扶持青年成长，以此为国际科学事业作出贡献。我们将继续鼓励各国顶尖科学家、青年科学家开展交流活动，进一步推动科学发展及其应用。

之前，全世界对新冠肺炎大流行准备不足，致使很多人遭受痛苦。但现在，我们可以乐观地、积极地应对其他重大挑战，包括气候变化、环境污染等。我们深信，我们能达到世界和平、全球繁荣的目标。

祝大家新年快乐！

世界顶尖科学家协会主席
2006年诺贝尔化学奖获得者
罗杰·科恩伯格

偕执行委员会委员
迈克尔·莱维特
朱棣文
文卡·拉玛克里希南
兰迪·谢克曼

目录

第1章　新冠肺炎与百年变局："第四次科学革命"临门之际如何"革命科学"

第9章　挑战孤立主义：用相向而行的科学理性为国际不信任释压

第1章

新冠肺炎与百年变局：
"第四次科学革命"临门之际如何"革命科学"

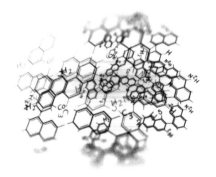

陈辉　编撰

2006年诺贝尔化学奖得主罗杰·科恩伯格：

"如果说20世纪是物理学的时代，那么21世纪就是生物学的时代，尤其是人类生物学。"

2006年诺贝尔生理学或医学奖得主彼得·杜赫提（Peter Doherty）：

"每个人都会变老，没有必要认为诺贝尔奖获得者是不一样的，所以引进一大堆著名的诺贝尔奖获得者不一定有用。在任何一种科学文化中，都需要放开像我这样的老人。你没有必要'杀'了他们，但你必须把他们晾在一边。"

2020年诺贝尔生理学或医学奖得主哈维·J. 阿尔特（Harvey J. Alter）：

"我想我们正在失去无法获得研究资金支持的青年科学家，他们只能以合作者的身份加入别人的项目组，很难开展自己独立的研究项目。如果能给青年科学家更多帮助，支持他们开展自己感兴趣的原创研究，将是一件非常棒的事情。"

糖生物学创始人雷蒙德·德威克（Raymond Dwek）：

"糖生物学在未来拥有非常好的发展前景，未来的药物研发将与传统的药物研发大不相同。尽管无法做到药到病除，但只有依靠科学家循序渐进地发现和研究新的药物，才能更有效地对抗我们生活中面对的各式各样的病毒。"

2020年伊始，新冠肺炎疫情来势凶猛，对全球造成巨大冲击。

与其他病毒相比，新冠病毒（COVID-19）传染性强，其原始毒株的基本传染数（basic reproduction number，通常用R0表示）在3左右，即平均1个新冠肺炎患者会传染3个的健康人，远超非典病毒（SARS）和流感病毒。有研究表明，平均1个新冠肺炎患者可传染2.68个人；也有研究估计，平均1个新冠肺炎患者可以传染4个人。新冠病毒的R0比R0为2的非典病毒要高。

此外，新冠病毒的隐秘性强。有研究表明，12.1%的新冠病毒感染者是不发烧的，而非典病毒感染者不发烧的比例仅为1%。

新冠肺炎疫情对现有医学筛查手段、疫苗生产、药物开发等，带来全方位冲击，不得不靠非药物干预的方式，如戴口罩、取消小型集会、封锁疫源城市、追踪密切接触者等，降低病毒传播速度，从而控制疫情。

联合国秘书长古特雷斯曾表示："新冠肺炎疫情让世界面临一场前所未有的公共卫生危机，同时也带来了一场经济危机和人道危机，其规模和复杂性是国家层面的措施所无法应对的，世界各国必须果断采取协调一致的创新行动。"

"第四次科学革命"正在加速到来。

在人类历史上，迄今共出现过三次"科学革命"，分别是：

第一次科学革命发生在古希腊时期，那时的科学家们为人类留下了丰富的科学遗产。

第二次科学革命指17世纪的牛顿时代，从哥白尼的"日心说"到牛顿力学，科学发展达到历史上前所未有的高峰，出现了职业科学家群体并建立了近代科学体制。

第三次科学革命发生在19世纪中叶到20世纪初，以电磁学、生物学、热力学、化学、地学等取得的重大突破为起点，以爱因斯坦的相对论和海森堡、狄拉克等人的量子力学为高峰。

第四次科学革命将是依靠信息论、系统科学、人工智能、生物医学、纳米化学等，由系统生物科学开启的新一轮"科学革命"。

受新冠肺炎疫情影响，全球各国的科学家纷纷投入到新药、疫苗、抗体等研发中，不同领域的科学家也参与进来，使这一领域成为展示新方法、新观念、新成果的舞台。"第四次科学革命"究竟会是什么样？该如何从"科学革命"走向"革命科学"，从科学家们的"战疫"实践中，可见端倪。

小分子药物会是新冠病毒的克星吗？

药物一般可以分为化学小分子药物和生物大分子药物。

其中，生物大分子药物是依靠细胞生物、微合成的药品，又称为生物制剂。世界上先进的重大疾病治疗方法，如艾滋病、肿瘤等的治疗方法，均与生物大分子药物有关。但是，化学小分子药物在已经上市的药物中仍占绝大多数。

小分子药物作为传统的药物形式，有其不可替代的优势。

首先，新的干预措施可能需要数月至数年，甚至十余年的开发时间，周期太长。

其次，现有的抗病毒药物达上万种，通过筛选，能较快找到有效药物，从而绕过临床前研究（如动物实验和药理学研究）和早期临床研究，直接进入临床2期或3期。

其三，有些小分子药物还具有广谱性。

事实上，美国食品药品监督管理局（FDA）紧急授权使用的瑞德西韦就是这样一款"老药"，2009年，它作为治疗丙型肝炎的药物被研发出来，但后来不再用来治疗丙肝，而是用来抑制呼吸道病毒。2014年，人们突然发现它对治疗埃博拉病毒有效，瑞德西韦从此成为抗疫明星。

世界顶尖科学家协会主席、2006年诺贝尔化学奖得主、美国斯坦福大学教授罗杰·科恩伯格表示："如果按照传统的方式开发新药是很耗时的，通常是10年，有的时候更长，但从来不可能更快。其中有很多原因，比如化学方面的挑战，测试、检测、临床试验等方面的挑战。绝大多数的新药开发都是失败的，失败率非常高，这就是为什么我们需要新的技术的原因。有一种技术我非常感兴趣，即包括核苷酸研究在内的新药开发方式，它以核酸顺序为基础，相信很快就可以有进展。另外一种方法，就是加速小分子药物的开发，比如瑞德西韦。我们可以通过测试的方法，比如化学的计算，来分析'老药'的广谱性，这在几个小时内就能完成，而过去要花好几年的时间。"

值得注意的是，中国科学院院士饶子和与合作者组成的"抗新冠病毒攻关联盟"先后在《科学》《自然》杂志上发表论文，在国际上率先成功解析了新冠病毒的关键药物靶点的三维空间结构特征，为针对这一靶点的小分子药物研发打下了坚实基础。饶子和说："在疫情期间，我们进行了大规模的研究，找到了几种不同的抑制剂RDRP（即依赖RNA的RNA聚合酶），当然我们也发现了瑞德西韦等几款药物有这个潜力。此外，我们还检测了这个病毒的结构，以此来开发一些有效的抗体。"

新型冠状病毒在入侵细胞后，便开始大量复制，而病毒的RDRP在病毒的遗传物质——RNA的合成过程中起着至关重要的作用。以RNA聚合酶为核心，病毒会巧妙地利用其他辅助因子（如nsp7/nsp8等）组装一台高效的RNA合成机器，进行自我复制。

在饶子和团队开始研究前，由于缺乏新型冠状病毒RNA聚合酶的三维结构信息，瑞德西韦如何精确靶向病毒RNA聚合酶的机制尚不明确，这是针对该靶点开展更有效的抗病毒药物开发及应用的重要障碍之一。

罗杰·科恩伯格表示："饶教授和我们谈了他的研究成果，这在理解药物（比如瑞德西韦）上非常重要。如果我们想要改善药物，或者开发出其他防止病毒复制的药物的话，相关的研究工作非常重要。如果要消灭病毒的话，我们必须能够阻断病毒基因组的复制过程。病毒的复制过程涉及了很多复合物，其过程非常复杂，其中可能有一些成分会成为未来药物的靶标。希望通过这样的研究方式，我们可以在未来开发出更好的药物。"

特朗普用了8克抗体

美国时间2020年10月1日，时任美国总统特朗普突然在推特上宣布：他和他的夫人梅拉尼娅新冠病毒检测结果均呈阳性，将马上进入隔离和康复治疗程序。出乎意料的是，4天后，也就是美国时间10月5日晚间，特朗普便从医院返回白宫并表示："我比20年前感觉还要好。"

特朗普为什么康复得这么快？因为，他使用了中和抗体药物。

当病原微生物侵入机体时，机体细胞会产生相应的抗体。中和抗体是指B淋巴细胞[①]产生的某些抗体，能与病原微生物表面抗原结合，从而阻止该病原微生物黏附靶细胞受体，防止病原微生物侵入细胞。

北京大学教授谢晓亮说："中和抗体药物是一个比较新的药物，它是最近几年兴起的领域，现在变得越来越流行，尤其是在癌症治疗当中，有PD-1/PD-L1[②]以及其他一些正在研究的抗体治疗药物。之前中和抗体的研

[①] B淋巴细胞简称B细胞，是源于骨髓的多能干细胞。

[②] 免疫细胞上有一种蛋白质叫PD-1（Programmed Death 1，程序性死亡受体）；肿瘤细胞则会产生一个免疫球蛋白样的分子，这便是PD-L1（Programmed cell Death-Ligand 1，细胞程序性死亡-配体1）。上述两个分子会相互结合，结合后会产生一个分子信号，该信号会降低免疫细胞的活性，从而阻断免疫细胞对肿瘤细胞的攻击。肿瘤利用这种方式将自己隐蔽起来，因此得以生存。PD-1/PD-L1抗体药的作用在于阻止PD-1、PD-L1结合，从而有效阻断肿瘤细胞对免疫细胞的"蒙蔽"。

究经验也可以帮助到我们，其中一个是针对艾滋病病毒（HIV）的，尽管HIV没有疫苗，但我们可以用中和抗体结合抗病毒药物来治疗艾滋病，这样的结合用药获得了美国食品药品监督管理局的批准，并且被证明是有效的。对于埃博拉病毒、中东呼吸综合征病毒（MERS），当出现这两个疫情的时候，我们快速研发出了抗体，但临床试验停止了，因为当时疫情已经停止了。"

中和抗体因特异性高、安全性好，且具有预防新冠病毒和治疗新冠病毒的双重作用，成为备受瞩目的新冠治疗特效药的"种子选手"。瑞德西韦不是特效药，其临床试验仍然存在争议。中和抗体则不一样，它本身就是从康复期病人的血液中筛选出来的。由于不能大规模地生产血浆，因此血浆疗法的用途受到限制。

谢晓亮表示："中和抗体存在于新冠病人的血液当中，但数量很少。现在我们想要从患者血液中提取中和抗体，并且基于序列进行大规模体外生产和制作，最终希望能够将其用到患者身上。我们都知道特朗普总统注射了8克中和抗体，这是非常大的剂量。比如，治疗癌症时，治疗注射中和抗体的剂量一般是0.2克，如果说每个人都要注射那么大剂量的中和抗体的话，成本实在太高了。因此，我们需要非常强大、强效的中和抗体。每个抗体都有一个B细胞，有特定的DNA序列，这是1987年诺贝尔奖得主的研究成果，当时研究员研究出了B细胞基因组。我们一直在开发高通量B细胞测序方法，尤其是研究病人血液中的中和抗体。在武汉'封城'之后两个月（2020年3月—4月），我们发现了20种从患者血液当中提取出的强效中和抗体，并且从中提取到了B细胞，数量可以说是非常大的。因为我们当时用了一种新的技术，而这种新的技术是2019年才出来的。有了新的测序技术，就能够获取最多的中和抗体。"

谢晓亮补充说："当然，我们希望疫苗研究可以持续，因为抗体效果只能持续28天。如果我们可以重新编辑分子的话，也许可以把疗效时间延长到3个月。我想这对患者、患者家人、医疗工作者来说是非常重要的，但是它只是起到暂时的保护作用，和疫苗的作用是不同的。"

不过，大量患者使用抗体依然会有一定难度。虽然单抗药的价格肯定要比小分子药物更高，但是并非不可承受，这主要取决于使用的剂量。"如果是小剂量、大规模生产的话，那么我们是可以控制成本的。"谢晓亮表示。

新冠肺炎绝不是普通感冒

值得注意的是，74岁的特朗普在其所患的新冠肺炎被迅速治愈后公开表态：和流感相比，新冠病毒在大多数群体中"远没有那么致命"，并对世界卫生组织在2020年3月公布的全球确诊新冠肺炎病例3.4%的病死率提出异议："我看就不到1%。"

1996年诺贝尔生理学或医学奖获得者、澳大利亚墨尔本大学教授彼得·杜赫提（Peter Doherty）表示："新冠病毒非常非常复杂，人们觉得新冠肺炎不过是一次重流感，但两者的影响不一样。流感也有传染性，但流感和新冠肺炎对患者的长期影响不同。新冠病毒除了进入呼吸道外，还会进入血液，对心脏、肾脏都有损害，同时会影响大血管，影响血流。新冠肺炎是和流感不同的疾病，它是全新的。"

不过，发表在《科学》上的一项研究表明，识别普通感冒冠状病毒的记忆性T细胞，也能识别新冠病毒上的对应位点。这或许能够解释为什么有些新冠肺炎病例的症状比其他人更轻。

新冠肺炎、SARS和MERS都是已知的由β冠状病毒（bCoVs）引起的肺炎。相比之下，新冠病毒的传播速度是最快的。

根据美国的数据，在75岁至84岁年龄段出现新冠肺炎症状的患者中，有30%需要住院治疗，其中有10.5%需要在重症监护室中就诊。在重症监护病房就诊的患者很可能死亡，约占该年龄段患者数量的4.3%。

杜赫提说："新冠肺炎比流感严重的原因在于，肺是一个非常脆弱的器官，如果病毒造成的损害与宿主反应太厉害，脆弱的终末支气管就会被阻塞，患者就无法获得足够的氧气来生存。这也是为什么强调重症患者需要得到呼吸机支持的原因。2009年，在那些可能死于猪流感的人中，有50%被呼吸机救了下来。但随着新冠肺炎患者数量急剧上升，医疗资源将迅速透支，对此必须予以警惕。"

人体免疫系统是对抗新冠肺炎的重要"武器"。杜赫提表示，要想提高基础免疫力，饮食平衡是一个很好的选择，而很多声称能提高免疫力的产品在检测中都无法证明它们的有效性。

"我们从SARS和新冠病毒当中学习到很多。我们研究流感时经常说，流感病毒在全球传播是没法制止的，就像不能阻止苍蝇飞来飞去一样。我们在用旧思维看待事情。在新冠肺炎疫情下，我们需要各国统一行动，与世界卫生组织协作，联手战胜疫情。"杜赫提说。

糖生物学——打开新的未知空间

虽然疫苗被认为是预防和控制传染病的有效手段之一，但新冠病毒疫苗在研发上存在很多困难。其中，新冠病毒的"高度糖基化现象"使病毒可以进行多种突变，给疫苗研发带来极大困难。

新冠肺炎疫情给糖生物学的发展带来了机遇，糖生物学创始人雷蒙德·德威克表示："糖生物学的重要发现之一，就是糖基化是具有细胞特异性和位点特异性的。另一个糖生物学的关键发现是，某些附着有葡萄糖残基的糖型可能参与糖蛋白折叠，这对于需要分子伴侣的病毒包膜糖蛋白具有十分重要的意义。"

德威克说，HIV的糖基化位点是流感病毒的3～6倍，这也是HIV疫苗研发迟迟无法成功的重要原因之一。新冠病毒的糖基化位点是HIV的至少2倍，新冠病毒这种非比寻常的糖基化程度，会让病毒容易产生多种突变。

新冠病毒表面的刺突蛋白被聚糖所覆盖，在其外部形成保护层。人体内的许多蛋白质都附着着相同类型的聚糖。这样，人体的免疫系统就会将这些糖视为本身就有的，而不是外来"入侵"的。

新冠病毒是高度糖基化的球形颗粒，至少有66个糖基化位点。新冠病毒和2003年的SARS病毒有许多相似之处。德威克介绍，研究显示，SARS病毒有69个糖基化位点，其中与新冠病毒相似的位点有54个。疫苗的原理是唤起人体的免疫应答来狙击病毒，但是这些糖基化位点可以帮助病毒骗过人体的免疫系统检测而成功地存活。病毒、细菌、真菌、寄生虫等病原体，为了能进入细胞内，必须先和细胞表面的糖类结合。

糖、蛋白质、核酸是涉及生命活动本质的三类重要生物分子。其中，糖作为能量物质及结构物质，在生命活动中发挥着重要作用。人体大约有40万亿～60万亿个细胞。这些细胞组成了许许多多的细胞团，彼此可以相互识别、相互作用，它们控制着人体沿着固有的空间轴和时间轴运转。其背后包含着海量信息，而这些信息正是由糖链分子来承担的。

从整体发展状况看，糖生物学研究明显滞后于核酸和蛋白质的研究，而糖类的化学结构、立体构型、连接方式更复杂，其中储存的生物信息比核酸和蛋白质高出几个数量级。大多数微生物在细胞表面的黏附是由糖链介导的。在新冠肺炎疫情背景下，糖生物学更凸显出其现实意义：每一种病毒都需要适当折叠的糖蛋白才能具备传染性。

德威克带领的英国牛津大学糖生物学研究所，正致力于研究糖蛋白如何折叠形成、糖蛋白在免疫系统中如何工作，以及它们之于病毒性疾病的作用。

著名生物学家阿吉特·瓦尔基（Ajit Varki）指出："在即将到来的'后基因组学时代'中，当人们越来越多地将注意力集中到完整器官或生物体的发育和生理学的分子机制时，糖链的生物学功能将会更加显而易见。"

德威克指出：糖生物学在未来拥有非常好的发展前景，未来的药物研发将与传统的药物研发大不相同。尽管无法直接做到药到病除，但只有依靠科学家循序渐进地发现和研究新的药物，才能帮助我们更有效地对抗生活中面对的各式各样的病毒。

转化医学——从根本上解决问题

进入21世纪后，转化医学已成为生命科学发展的新趋势。

转化医学不是单一的学科或技术，更多的是一种转化的状态，即从实验室到临床、从临床到实验室。转化医学通过包括现代分子生物技术在内的各种方法，将实验室的研究成果转化为临床应用的产品与技术，同时通过临床的观察与分析反过来帮助实验室更好地认识人体与疾病、更好地优化实验设计来促进基础研究，从而最终提高整体医疗水平、帮助患者解决健康问题。

转化医学形成了一种新的医学模式，将预测、预防、早期干预和个体化治疗作为未来临床医学发展的方向。

美国国立卫生研究院（NIH）于2012年提出了转化医学的四大任务：

其一，加速技术发现；

其二，推动转化科学；

其三，加强卫生保健决策的循证基础；

其四，鼓励新的研究和新的观念。

近10年来，药物研发技术有了很大进步，但新药上市依然速度较慢、成功率较低，按照开发一种药物或疫苗的行业内"黄金标准"，平均花费11.9年，投入资金8亿美元。综合来看，新药和疫苗研发成功率仅有10%～40%。转化医学通过整合分子生物学、生物信息学的海量数据，通过研究可诊断和监测疾病的生物标记物，不仅大大加快了新药研发的速度，而且大大降低了成本，特别是明显降低了临床二期的失败率。

在新冠肺炎疫情中，中国的转化医学发挥出了巨大力量。新冠病毒刚刚出现，全国上下便立刻做出了反应，31个省（自治区、直辖市）启动了重大突发公共卫生事件一级响应，防疫部门要求迅速开发诊断试剂盒和治疗药物，到2020年1月28日，已批准了6种诊断试剂盒。此外，中药及时组方，参与一线治疗，从1月26日到2月28日，治疗有效率高达95.1%。

转化医学在抗疫中的极佳表现，使它未来在应对癌症、糖尿病、高血压等疾病时，有望发挥更大作用。

2014年拉斯克基础医学研究奖得主彼得·沃尔特教授表示："我们现在讲的就是压力的通路，细胞不健康，就会有压力。如果我们能够把这些通路抑制掉，且由此带来的副作用比较小，我们就可以开发出一些更加安全、毒性比较低的药物来治疗癌症。另外，我们也可以影响到大脑的一些功能，现在有很多的模型显示能够逆转一些衰退，甚至包括衰老。实验证明，如能把这样一些压力点抑制掉的话，一些大鼠的认知衰退就出现了逆转。"

中国工程院院士、上海交通大学医学院教授陈赛娟也表示："转化医学的确是非常重要的，对于癌症的治疗更是至关重要。我们在治疗慢性细胞白血病方面已经取得了很大的进步。我们用全反式维甲酸和三氧化二砷结合在一起治疗白血病取得了很好的效果。现在，我们如何用这种联合疗法成功治疗急性早幼粒细胞白血病，包括其他类型的白血病，是一个非常重要的问题。我们也成功地使用相关疗法，治疗了慢性的白血病，患者的生存率可以提高80%~90%。但是我们有些病患是需要长期治疗的，长期治疗不仅成本高，而且有的时候会产生耐药性，比如说格列卫这样的药品。因此，我们用联合疗法，用砷和格列卫加在一起联合治疗，现在正在进行临床研究。我们已经有一些初期的结果，对其抱有比较大的希望。"

从整体来看，目前的转化医学概念偏向于临床，而药学研究和产业化相对被忽视。转化医学在国外经历了近10年的发展，效果却不算理想，科研转化效率不够高，科技成果对临床的推动力不够强，转化医学的发展目前仍然面临很多障碍。

美国斯克利普斯研究所分子生物学系与化学系教授雷德蒙·斯蒂文斯（Raymond Stevens）表示，目前全球有超过450种生物标志化合物常规应用于疾病治疗，但很少有相关的集成和交叉分析。为更好地对付癌症、心脑血管疾病、代谢性疾病这三大威胁人类健康的杀手，我们需要多考虑如何应用转化研究。

在新冠肺炎疫情的推动下，转化医学将迎来新的发展机遇。

纳米抗体——一喷就能抵抗病毒

在抗击新冠肺炎疫情的实践中，复旦大学基础医学院教授应天雷及其团队发现了一系列抗新冠病毒全人源纳米抗体，可靶向新冠病毒受体结合区上的五类不同表位，对开发新冠病毒新型药物和治疗方案具有重要意义。这让纳米抗体再度成为焦点议题。

纳米抗体早在1993年便已被发现。研究人员在骆驼体内发现了一种不同于免疫球蛋白的特殊抗体，它的分子量只有普通抗体的1/10，这意味着它有更好的组织穿透力，可以快速、均匀地扩散至全身，为治疗癌症、高血压提供了新的可能性。

传统单抗源于人体或免疫动物的血清，其制造工序烦琐且成本高昂，某些动物源性单抗还易引发不良反应。

纳米抗体分子量小，是单一基因编码，容易进行基因工程改造，并且可以通过短小的连接序列聚合多个纳米抗体，形成多价或者多特异的抗体结构。双价或者多价的抗体能识别同一种表位，但是比单价的抗原亲和力更高。双特异性或多特异性抗体，可以结合不同靶点，或者是同样靶点上的不同结合区域，比单价抗体具有更强的抗原识别能力。

纳米抗体容易和其他结构（如牛血清蛋白、IgG-Fc等）形成新的融合分子。在新的融合分子中，纳米抗体与其靶抗原定向结合，与纳米抗体融合的部分就能发挥相应功能，因此可以与其他药物联用，或者是应用于诊断和充当多个领域的实验研究工具。作为抗体界的"百变星君"，纳米抗体的应用场景十分广阔。

全人源纳米抗体可开发为雾化吸入制剂，适合将大量抗体迅速输送到肺泡等病灶部位，理论上尤其适用于治疗新冠肺炎等呼吸系统疾病治疗。研究人员利用这项新技术，成功筛选到针对新冠病毒受体结合区的数十株全人源纳米抗体，抗体亲和力最低为0.6纳摩尔，最高为89纳摩尔。研究表明，这些抗体可靶向新冠病毒受体结合区上的五类不同表位，其中针对两类表位的全人源纳米抗体能够有效中和新冠病毒，而且具有显著的协同效应。

应天雷介绍，全人源是指抗体的基因全部源于人类。单抗药物生产周期长、成本高，多被用于治疗癌症和免疫性疾病，用于治疗病毒感染的单抗药物少之又少。近年来，一类被称为"纳米抗体"的新型抗体由于分子量仅为单抗的1/10且生产成本低、性质稳定，逐渐受到制药行业青睐。然而，纳米抗体源于骆驼或羊驼，即使人源化后仍然含有一定驼源成分，使得其在人体使用时存在安全隐患。

基于纳米抗体的理论，美国加州大学旧金山分校的科学家们已经设计出了一种新的方法来阻止新冠病毒的传播。这款被称为"AeroNabs"的气雾剂，可以通过鼻腔喷雾剂或吸入器自行给药。每天使用一次，即可提供持续保护，它可能能比疫苗提供更便捷、更持久的保护。

纳米抗体比人源抗体小一个数量级，这使得它们更容易在实验室中被操作和修改。它们的小体积和相对简单的结构，也使得它们比其他哺乳动物的抗体稳定得多。此外，与人源抗体不同的是，纳米抗体可以很容易且低成本地大规模生产，科学家将包含分子蓝图的基因植入大肠杆菌或酵母中，然后将这些微生物转化为高产量的纳米抗体工厂。几十年来，同样的方法被安全地用于大量生产胰岛素。

彼得·沃尔特表示："纳米抗体可以与病毒结合，而且完全可以中和，是非常强的分子，可以抗高温、抗冻干，可分离。分离后，纳米抗体可以通过鼻腔通道、气道进行给药。"彼得·沃尔特认为，这种方法也非常便于病人自助使用，病人可以在家里给药，不需要任何医疗辅助。这种方法经济、有效，可以广泛使用，可以将其用于新冠肺炎预防和早期治疗。

确认神经是否受损，神经影像学来帮忙

"我们需要关注新冠肺炎给病人带来的一些重大挑战，包括缺血性脑卒中的各种并发症，以及给神经系统带来的长期不良影响。"剑桥大学的青年科学家弗吉尼亚·纽科姆（Virginia Newcomb）表示，在英国暴发新冠肺炎疫情时，几乎所有研究活动都暂停了，当时急诊科的一些患者出现急性呼吸窘迫症状，需要使用呼吸机。治疗了几天之后，病人的病情好转了，却依然没有恢复意识。

纽科姆团队给这些病人做了脑部核磁共振扫描，并进行基于卷积神经网络技术的图像分析，发现病人大脑的丘脑和背根神经节等部位都没有病变，但脑干出现了损伤。一位病人不幸去世后，纽科姆团队依法解剖其遗体，发现病人的脑干上部、脑干背部、延髓均有比较明显的炎性反应，支持了神经影像学手段观察到的现象。

纽科姆表示，新冠病毒会引起神经方面的功能障碍，可能会侵袭外周神经。病人大脑中弥漫性皮质海马异常可解释精神状态的改变，关键脑干唤醒核异常则引发了感觉改变。

北京的地坛医院也发现，新冠病毒会造成神经系统损伤，主要包括三类：第一类是中枢神经系统损伤，表现为头痛、头晕、抽搐发作；第二类是一部分患者出现周围神经系统损伤，表现为食欲减退、神经痛、面瘫；第三类是骨骼肌损伤。

一些已康复的新冠肺炎患者表示，他们持续出现了肌肉颤动、四肢无力、手部肌肉萎缩、手掌变平、打字很慢、口腔咽喉不适感等症状，同时伴随肉跳部位肌肉酸痛、膝盖疼痛、髋关节疼痛等症状，甚至影响到睡眠。

一项来自意大利的研究发现，意识状态改变和中风是新冠肺炎患者最常见的神经系统症状。研究人员认为，这一发现或许有助于阐明新冠病毒对中枢神经系统的影响。该项研究涉及的725位新冠肺炎住院患者中，108位患者（15%）有严重的神经系统症状，其中64位患者（59%）报告了意识状态改变（指认知障碍、注意力障碍、觉醒障碍和意识水平下降等临床症状），31%的患者发生缺血性中风，还有患者出现头痛（12%）、癫痫（9%）和头晕（4%）等症状。

医学界对新冠肺炎患者的神经系统症状了解不多，无论这些症状是由危重病引起的，还是由新冠病毒直接影响中枢神经系统引发的，都需要开展进一步的研究以提供更好的干预措施。新冠病毒影响患者神经系统的现象日益引发关注，学术期刊《柳叶刀·神经病学》连发两篇文章，呼吁成立全球新冠肺炎神经研究联盟，收集新冠病毒影响神经系统的证据。这对神经影像学技术提出了新要求。

过去二三十年间，神经影像学技术的发展在很多方面改变了精神医学。特别是进入21世纪后，神经影像学研究呈井喷趋势，以前所未有的精确程度对个体心理功能、系统层面上的脑处理进程及这些进程在精神疾病患者中的紊乱情况进行了探讨。在这些研究中，某些脑区反复出现在研究人员的视野中，人们开始越来越多地使用无偏差的、数据驱动的手段对特定脑区的连接性进行分析，以探索具有临床意义的特质及状态的异常脑活动类型。

过去25年内神经影像学的进步，为我们提供了迄今为止针对人类脑科学——尤其是精神医学最强有力的认知工具。在体内环境下量化脑的结构、功能及化学成分的能力，充分解放了我们的研究领域。然而，这些进步仍处于襁褓之中，其成本效益比仍是将研究成果转化进入临床的关键。更加激动人心的、足以改变患者及其家庭的重大发现，仍在前方。

"对于某些病人，常规影像无法解释他们为什么无法恢复意识。此时，定量的核磁影像，以及影像学与其他学科的融合技术，可以帮助我们找到蛛丝马迹，找到其中一些异常现象的真相。"纽科姆总结道。

用计算机开发无耐药性的超级抗生素

传统抗生素研究大多是通过筛选抗菌性微生物的代谢物发现的，比如青霉素、红霉素和头孢菌素等。然而，病原微生物均存在抗性，它们需要用这一机制来保护自己。青霉素被发现12年后，耐药细菌便出现了，曾被称为"抗生素的最后一道防线"的万古霉素，也随着时间推移逐渐"钝化"。

耐药性的困境在于，许多已知的抗性都位于转位子、整合子或质粒上，这意味着，它可以在不同细菌乃至不同菌株之间传播。由于细菌正不断地进化出耐药性，曾经功效强大的抗生素正在快速失效。目前，全球每年至少有70万人死于原本用抗生素就能治愈的细菌感染。预计到2050年，每年因耐药菌引发的死亡将达千万例。

早在20世纪80年代，计算机辅助高通量筛选方法被引入抗生素研究，但此后几十年间，偶尔筛选出的能对细菌构成攻击的候选抗生素，与现有抗生素过于相似，都无法解决细菌耐药性的问题。此后，尽管市场有需要，但制药公司基本上都放弃了研发新型抗生素，转而投入开发更有利可图的慢性病药物。

美国宾夕法尼亚大学精神病学助理教授塞萨尔·德·拉·富恩特（Cesar de la Fuente）正在研究一个新鲜而有趣的方向——通过计算机来找到新类别的抗生素。"到2050年，全球会有大量的人因没有足够抗生素而丧生，如何提供合适的抗生素？我们该怎么办？"富恩特说，"过去10年来，人类甚至没有找到有效的新型抗生素，这是个亟待破解的问题。"

那么，计算机是否可以应用起来？富恩特将化学经验提炼为0和1，以此教会计算机一种"搞化学"的能力：先教会计算机进化理论，从自然界提取分子并让计算机来完成变异，再通过创新方式和不断迭代，计算机的预测居然与现实情况一模一样。

传统的计算机程序的操作方法，是筛选一个分子库来找到特定的化学结构。但是，神经网络通过训练可以自我学习，它们会熟记哪些结构特征可能是有用的，然后找到相应的东西。

富恩特将这种算法应用于人体蛋白质，发现了4.3万种加密抗生素，他用"amazing"（令人惊喜的）来形容这样的发现。事实上，这些"自然抗生素"一直存在于人体的免疫系统，促进了人体心血管系统和神经系统的健康。富恩特说："使用这种算法，我们可以在本被用作治疗其他疾病的药物中，找到分子的新特性。因为这些药物已经被美国食品药品监督管理局批准，我们只是为它们提供了一种新用途，所以这将大大加快它们成为临床使用药物的进程。"

其研究团队将筛选抗菌性能的智能神经网络与毒性筛选机制结合起来，然后排除那些他们认为与现有抗生素过于相似的化合物——因为细菌可能已经对它们产生了耐药性。然后，一种新的候选药物出现了：c-Jun氨基末端激酶抑制剂SU3327，它是一种被认为用于治疗糖尿病的药物。研究人员将这种化合物命名为halicin（哈利西林）。

传统的抗生素与计算机开发出来的分子结构，两者的结合效果十分好。此外，如何提升微生物的活性，让抗体更为高效，从而极大提高人体免疫功能，将是这项研究接下来逐步拓展的方向。

也许有一天，这些计算机神经网络能提供一个更全面的关于细菌活动的图谱，帮助科学家了解环境影响如何改变抗生素的疗效。研究中大量关于营养水平、pH值、氧浓度和其他因素的数据，有助于为今后更有效的治疗方案指明方向。新算法的成功应用，促使一些标题党作者宣称，依靠人工智能（Artificial Intelligence，AI）发明抗生素的新时代已现曙光。但作为一名机器学习专家，美国麻省理工学院的人工智能研究人员贾纳·巴齐莱

（Regina Barzilay）对这种说法不以为然。他认为，如果没有严谨缜密的人类工作，这一发现是不可能的，"并不是机器发现了分子，而是机器帮助人类扫描了数量巨大的资源库，聚焦富有成果的假设"。

此外，不止一位研究人员警告说，目前用来训练神经网络以寻找新抗生素的高质量数据仍然有限，过于依赖机器学习，将给今后的工作带来阻碍。计算机工作尽管颇有成效，但终究不能取代生物实验。

利用计算机技术探索分子性能，其终极成功在于，人工智能发现或设计出真正的耐药性的超级抗生素。

究竟是谁把新冠病毒传染给人类？

对新冠病毒基因序列的遗传分析表明，与它们最接近的似乎是蝙蝠冠状病毒，中间物种可能是穿山甲。

从出现SARS开始，新冠病毒是过去20年来出现的第三种新型致病性冠状病毒：非典病毒，非典疫情出现在2003年，属严重急性呼吸道综合征疫情；10年后，中东地区出现了第二种病毒，即中东呼吸综合征冠状病毒；新冠病毒带来的疫情则感染规模更大，但致死率较非典病毒低。

一项新冠病毒风险基因的研究结果，将新冠病毒风险性分为5级，其中人类与其他灵长类处于最高级别。美国加州大学戴维斯分校基因组学家哈里斯·李文（Harris Lewin）介绍了地球生物基因组计划（EBP）相关实验室正在开展的比较实验，内容针对新冠病毒在基因层面上更易与哪些野生动物、家禽家畜以及宠物等相结合。

李文实验室博士后研究人员领导的国际科学家团队，已经对410种动物的基因进行专门测序，比较其基因序列中的"ACER基因"。在这一基因下，特定生物可存在一种关键受体，能够结合新冠病毒的ACER蛋白。反之，若没有这一受体，就对新冠病毒天然"免疫"。

李文表示，与人同属灵长类的黑猩猩、大猩猩、倭黑猩猩的基因，其体内受体与新冠病毒的蛋白结合风险"非常高"。鹿、仓鼠、食蚁兽、海豚等，其风险级别也属于"高"；虎、羊、猫、牛等，则属于中等风险。相比之下，猪、马、狗、象等属于低风险，海狮、家鼠、乌鸦等的风险最低。

就目前研究而言，鱼类、两栖类、爬行类动物的基因决定其没有与新冠病毒ACER蛋白结合的受体，也就是说它们无法作为中间宿主与新冠病毒同体共存。这些蛋白质都存在于人体呼吸道的上皮细胞或表面细胞上，很容易成为任何空气传播病毒的攻击目标。

在生物学界，2011年沃尔夫农业奖得主哈里斯·李文被称为"地球书记员"，他牵头发起了一项宏伟计划——地球生物基因组计划，计划在10年内绘制地球上所有生物的DNA图谱。这项计划也被称为生物学界的"登月计划"，目前已有来自22个国家的44家机构加盟。2019年，该项目组发布了101种脊椎动物的全基因序列。在李文看来，这是一个里程碑。

随着基因图谱绘制工程推进，科学家们发现，新冠病毒给生物多样性保护带来了新的挑战。目前，研究新冠病毒遇到的最大问题，就是不确定哪种生物充当了中间宿主。多数科学观点倾向于认为，新冠病毒一定有中间宿主，有可能是从最近在蝙蝠身上发现的冠状病毒演化而来的。

"然而，另一个重要的问题是，其他生物，例如野生动物、家禽、家畜和宠物是否有可能感染新冠病毒？"李文介绍，科学家在古灵长类和猩猩类等17个物种中，发现了完全符合人类adeR基因的25处关键进化残留，而且都可以与新冠病毒结合，这些物种被认为有极大风险。除了这17种灵长类动物和人类，另外还有27个物种被认定为容易发生感染，其中包括4类啮齿类动物，牛、羊、鹿以及几类鲸等。"这些物种应当受到监测、保护，人们应加强对它们的管理"。

"我们应该重新定义人与自然的关系，不能像往常一样，把社会和经济与环境分开，我们应当追求生态文明。"中国科学院院士魏辅文借用中国传统的"天人合一"理念，对地球的未来做出期待。他同时提出："是否应该设立生物多样性红线作为边界，或者说是否应该设立保护生物多样性的红线？"

"生物多样性是我们从后代那里借来的宝贵资源。"2010年沃尔夫农业奖得主古尔杰夫·库什（Gurdev Khush）介绍，从大约100年前俄罗斯科学家瓦维洛夫（S. I. Vavilov）在圣彼得堡建造了世界第一座基因库开始，人类越来越意识到留存和保护种质（即生物体亲代传递给子代的遗传物质）的重要性。育种家们根据抗病性、抗虫性、对生物和非生物抑制的耐受性、温度以及土壤盐度等特点，对种质进行筛选，以便进行进一步培育。一场旨在培育和推广高产粮食品种、解决营养安全问题的"绿色革命"，和"人类登月""破解DNA密码""消灭天花和脊髓灰质炎"一起，被并称为20世纪的"四大科学突破"。

库什指出，不同种质所有者时常想独享这些种质带来的利益，最终导致了对种质的限制。他为此呼吁，各国应明确种质共享的必要性与合法性，出台种质共享的相关文件，政府与民间团体应呼吁公众重视生物多样性，研究人员应该更加重视野生植物种质的采集与利用，保护并有效利用生物多样性。

"黄金纳米膜"——全新的监测技术

新冠肺炎疫情在全世界暴发以后，对新冠肺炎患者的诊断成为防疫机构掌握疫情发展的重要手段，各国科研机构都在积极开展对更快速、更便捷、更精确的诊断方法的研究，纳米新材料意外地成为人们关注的焦点。就职于美国斯坦福大学的戴宏杰教授是该技术的领军人物，他表示：人体感染新冠病毒后，一般经过7～14天会产生与之相应的特异性抗体，即后天获得、只针对新冠病毒的抗体。抗体检测已经用于多种传染病临床诊断，即通过检测个体外周血中是否存在病毒特异性抗体，可以初步判断个体是否被病毒感染过。

戴宏杰团队开发出了一种非侵入性检测方法，不需要提取任何血液，而是使用新材料"黄金纳米膜"，将纳米结构的金膜涂在载玻片上，具有理想的等离激元特征，通过放大荧光信号，使得可被仪器检测到的近红外荧光增强50～100倍，来完成更为精确的检测。

2014年，戴宏杰团队研究出1型糖尿病检测方法，只需要病人一滴血液就可以准确检测出1型糖尿病的抗体。2016年寨卡病毒疫情暴发，戴宏杰团队又开发了纳米结构平台检测方式，可以精准检测出寨卡病毒抗体。新冠肺炎疫情暴发后，该团队利用这个平台检测出了各种冠状病毒的抗体并有效加以区分。

戴宏杰展示了一组数据，显示用"黄金纳米膜"手段检测冠状病毒的敏感性：抗体形成需要一定时间，病人感染6天时，检测准确率为86%；感染两周时，检测准确率达到100%。利用这种非常敏感的纳米平台，只需要提取被检测者的唾液便可完成抗体检测，即使唾液中的抗体浓度很低也无妨。据戴宏杰教授介绍，掌握和检测相关的因素，还将有助于免疫评估和疫苗开发。

戴宏杰教授呼吁："当人类面临危机的时候，科学家应该像超级英雄一样，站出来承担责任，通过科学解决问题。"

免疫疗法能用来治疗新冠肺炎吗？

2018年，热门多年的癌症免疫疗法获得了诺贝尔生理学或医学奖。免疫治疗是指针对机体低下或亢进的免疫状态，人为地增强或抑制机体的免疫功能以达到治疗疾病目的的治疗方法，它适用于多种疾病的治疗。肿瘤的免疫治疗旨在激活人体免疫系统，依靠人体自身的免疫机能杀灭癌细胞和肿瘤组织。与以往的手术、化疗、放疗和靶向治疗不同的是，免疫治疗针对的靶标不是肿瘤细胞和组织，而是人体自身的免疫系统。

这种方法不仅可用于治疗癌症，也可用于治疗新冠肺炎。

然而，想找到有望治疗癌症的免疫细胞，过去需要5~6周。2020年10月22日，美国加利福尼亚州斯克利普斯研究所吴鹏团队公布了新的研究成果，即通过一种酶的巧妙使用，使这个周期缩短到了一天。这一突破技术还可用于新冠疫苗的研究。

最近几年，癌症免疫疗法已取得重要突破，其关键正在于肿瘤特异性T细胞，像一名"特种兵"对癌症发起了攻击。"然而，在临床上，人的免疫细胞反应率非常低。"吴鹏说，这些免疫细胞本身数量并不多，而肿瘤也会削弱它们的战斗力。能否找到这些"特种兵"，再壮大队伍呢？这些细胞的"相貌"并不"出众"，岂不是要众里寻"它"千百度？

在通常情况下，免疫系统里的树突状细胞会将抵抗肿瘤的"武器"——肿瘤特异性抗原，"快递"给免疫T细胞。吴鹏团队巧妙地将岩藻糖基转移酶添加到了"快递员"树突状细胞的表面。当这些细胞与免疫T细胞在"茫茫人世间"相遇时，这种酶会给免疫T细胞留下一个"印记"。只要找到这些"印记"，就能找到免疫T细胞。

科研人员在小鼠实验中验证了这一技术的可行性，他们成功地从小鼠体内分离转移出了免疫T细胞。这些T细胞活性非常高，如果尽快在体外扩增，可以对一些肿瘤做出针对性治疗。

"这种酶可以转移很多细胞和物质，甚至连一头大象都可以转移过来。"吴鹏说。

这一技术适用于哪些癌症呢？吴鹏介绍，癌症可以分成"热癌"和"冷癌"，"热癌"意味着在肿瘤当中会有很多突变，T细胞有很多浸润；"冷癌"意味着突变不是很多，也不会有很多T细胞的浸润。这一技术比较适用于"热癌"，比如非小细胞肺癌、乳腺癌等的治疗。

这一技术在肿瘤之外是否也适用呢？吴鹏说，使用这种方法可以对T细胞进行更深层次研究，也可用在肿瘤之外的领域，比如判断新冠疫苗对某个病人是否有用。

如果下一次疫情来袭，人类该怎么办？

在新冠肺炎疫情来袭之前，大多数国家并未想到风险正在靠近。从表面上看，全球化正处于鼎盛阶段，各国密切合作，经济、科技、社会有序发展，几乎看不出全球化被动摇的可能性。然而，新冠肺炎疫情让一切很难再回到原来的样子。

从非典疫情到新冠肺炎疫情，仅仅间隔了17年。随着全球化进程加快，未来疫情暴发的频率可能也会加快，下一次疫情也许不久之后就会来袭。这使人类警醒：我们不能再犯同样的错误，必须做好准备以防止下一次疫情的暴发。

与药物不一样，疫苗用于健康人。面对一个全新的未知病原体，新冠疫苗的研发困难重重。为提高成功率，中国在新冠疫苗的研发上选择了五种技术路线：灭活疫苗、重组蛋白疫苗、腺病毒载体疫苗、减毒流感病毒载体活疫苗和核酸疫苗。

（1）灭活疫苗，就是把病毒的毒性去除，把完整的无毒性的病毒打入人体系统，让免疫系统建立免疫反应。这种病毒灭活疫苗属于传统技术路线。

（2）重组蛋白疫苗，就是通过基因重组技术构造S蛋白的一部分，让人体的免疫系统能够识别，以后免疫系统见到带有这种蛋白的新冠病毒就会激发免疫反应。

（3）腺病毒载体疫苗，就是把S蛋白基因插入载体腺病毒的基因内，进入人体产生免疫，以后人体免疫系统就会针对带S蛋白的新冠病毒起反应。

（4）减毒流感病毒载体活疫苗，就是把S蛋白的部分基因插入减毒流感病毒载体中，经鼻腔滴注进行接种后，激发人体免疫系统对新冠病毒的免疫反应。

（5）核酸疫苗，就是直接把S蛋白对应的DNA/mRNA打进人体，让它在细胞里表达病毒的S蛋白或者S蛋白的一部分，再让细胞识别。这款疫苗临床前制备过程相对简单，应急响应快。

疫苗的研发过程十分复杂，需要经历毒种库构建、疫苗自身设计和构建、动物实验安全性和有效性评价、临床试验的安全性和有效性研究、规模化生产等步骤。一般来说，一种全新疫苗的研制需要10年左右，甚至更久。

阿尔特因丙肝研究而获得诺贝尔奖，但丙肝疫苗经历了30多年的研究，至今尚未开发成功，它与艾滋病病毒疫苗、流感病毒疫苗一起被列为疫苗开发失败的典型。因为丙肝病毒的本质与艾滋病病毒一样，是一种非常小的RNA核酸病毒。这种病毒使得疫苗的研发变得非常困难，因为它们太容易逃脱抗体了。疫苗的研发需要大量投资，是一种高风险的商业行为。现在还没有企业为丙肝疫苗的研发进行大量投入，因此要真正根除丙肝病毒可能还需要几十年的时间。

阿尔特表示，通过普及筛查和治疗，人类能在没有疫苗的情况下消灭丙肝病毒，而对抗新冠病毒可能无须进行这样的持久战。

新冠肺炎疫情最大化地激发出"第四次科学革命"潜在的创造力，但也反衬出现有科学体制的一些弊端。正如谢晓亮所言："我们开发了综合抗体，在欧洲做试验，我们和多国科学家一起研究，比如有一位合作者是悉尼大学的，我们每天都会去交流。我们正在进行的是针对新冠病毒的全球抗争和抗击，病毒是不分国界的，其实研究更不应该分国界。"

显然，疫情是世界大变局的一个拐点，考验着人类的科技制度创新能力。

在全球化时代，疫情呈现出国际化大流行的特点，但科技管理依然是本地化的，相关信息、资源、技术合作等未能有效组织起来，各国各自为战，大大增加了风险。"科学革命"需要"革命科学"，只有改革科学管理机制，拆除各学科之间的藩篱，最大化地研究和保证流通性，方能充分释放出科学的巨大能量。

第2章

无用之大用：百年变局中激荡的基础科学研究新潮

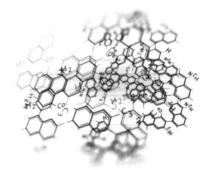

崔雨　编撰

北京大学常务副校长龚旗煌院士：

　　"基础科学问题面临着重大突破。"

美国斯克里普斯研究所总裁彼得·舒尔茨（Peter Schultz）：

　　"我们的愿景是把基础科学和应用科学真正联结起来改变社会。"

英国医学研究理事会执行主席菲奥娜·瓦特（Fiona Watt）：

　　"基础科学可以快速地、直接地应用，造福人类。"

欧洲分子生物学实验室总干事伊迪丝·赫德（Edith Hurd）：

　　"只有基础科学的发现才能够推动我们不断开发新的应用成果。"

中国科学院院士、中国科学院高能物理研究所所长、2015年基础物理科学突破奖得主王贻芳研究员：

　　"中国对基础科学的经费投入在过去20年间增加了10倍，这使得我们现在的人均投入规模大约达到国际发达国家的水平。在现有的投入规模下，连续积累二三十年，中国的科研整体实力有望与发达国家齐平。"

当今世界，正经历百年未有之大变局。

2020年，新冠肺炎疫情全球大流行，不仅给人类出了一道世纪考题，而且加速了百年未有之大变局的演进：世界经济低迷，全球产业链、供应链面临冲击……

尽管受到新冠肺炎疫情影响，但以"推动基础科学、倡导国际合作、致力青年成长"为宗旨的世界顶尖科学家论坛，如期在中国上海举行。第三届世界顶尖科学家论坛以"科技，为了人类共同命运"为主题，持续关注人类当前与未来面临的科技挑战，聚焦基础科学和源头创新。在本届论坛上，全球瞩目的新冠肺炎疫情成为科学家无法回避的焦点话题，联合科学力量对抗新冠肺炎疫情成为共识。

什么是基础科学？世界顶尖科学家协会副主席、2001年诺贝尔化学奖得主野依良治（Ryoji Noyori）认为：科学追求真理，究其本质，是苏格拉底式"自知无知"的智慧。新知识的创造打开了未知的新世界的大门，科学发现由此不断积累。

世界顶尖科学家协会秘书长王侯谈及创办世界顶尖科学家论坛的初衷和过程时指出，创办论坛旨在集合获得诺贝尔奖的科学家，激发对基础科学的热情。此前两届论坛上，事关"从0到1"的原始创新的"基础科研"，成为被提及次数最多的关键词。

在人类应对全球大流行的新冠肺炎疫情的过程中，基础科学已经发挥和继续发挥怎样的作用？人类在应对新冠肺炎疫情中暴露出基础科学研究方面存在哪些"短板"？如何于百年变局中培养基础科学新人？或许，在本届论坛上，包括61位诺贝尔奖得主在内的近140位诺贝尔奖、图灵奖、菲尔兹奖、沃尔夫奖、拉斯克奖等世界著名学术奖项得主，共计300多位顶尖科学家给出了答案。

人类未来将面临很多难题，基础科学研究可能是唯一的解决途径

跟其他领域的研究相比，基础科学研究周期较长，而且在研究过程中很难直接、迅速地体现科学家的价值。但是，基础科学的本质是揭示客观世界的运动规律，基础科学研究对培养创新型人才具有重大促进作用，基础科学研究有助于为解决人类发展问题提供科学依据。

基础科学研究对应用技术发展的支撑作用，怎么强调都不过分——基础科学研究是科技创新的源头，只有基础科学研究做得坚实，科技创新才有更多动力和活力。

在本届论坛上，不少科学家都强调了基础科学进展的重要性。2012年诺贝尔物理学奖得主塞尔日·阿罗什（Serge Haroche）指出："人们有时候会觉得我们需要努力制造更实用的设备，但也有更多的基础问题亟待解决。如果我们要摆脱自己领域的束缚，也应该先解决领域内的重大问题，比如量子物理和广义相对论目前是不相容的，我们必须在这方面取得突破。"

在本届论坛的"科学态度"大师讲堂上，世界顶尖科学家协会主席、2006年诺贝尔化学奖得主罗杰·科恩伯格阐释了基础科学研究和培养青年科学家的重要性。他用自身多年来从事科研探索得来的经验，为后来者带来最直接的启迪。他说："我们非常高兴地看到，所有与会科学家都致力于推广基础科学。人类未来将面临很多难题，基础科学研究可能是唯一的解决途径。"

在世界顶尖科学家协会副主席、2013年诺贝尔化学奖得主迈克尔·莱维特看来，基础科学的广泛研究为靠近原创性科研成果"发放了"更多的"入场券"。

在本届论坛的分论坛之一——"校长论坛"结束后，主持该场分论坛的上海交通大学副校长徐学敏接受媒体采访时表示，有了原创的科研成果，发展潜力是无穷的；有了原创的科研成果，就不会被人家"卡脖子"。这是非常关键的，只有那样我们国家才能真正强大起来。当年在中国缺乏应用场景的人工智能，如今成为科学热点，只有今天开展基础科学研究，明天技术的核心才会掌握在自己手上，中国才可能真正成为创新的引领者。徐学敏说："因此，我们会更加强调对基础学科、基础科学的研究，并努力将其向前推进。要成为技术的引领者，就必须关注基础科学研究，今天的基础科学就是明天的应用科学。"

大亚湾中微子项目的首席科学家、中国科学院院士、中国科学院高能物理研究所所长、2015年基础物理科学突破奖得主王贻芳在谈及基础科学研究的重要性时认为："坚持创新在我国现代化建设中的核心地位，就需要加强国家的基础科研能力，这样可以让我们更有信心地参与国际合作。"

2016年诺贝尔化学奖得主、荷兰格罗宁根大学教授伯纳德·费林加（Bernard Felinga）也表示："若想在疾病、卫生系统、能源可持续性和材料等领域取得突破，应该从长计议。一种典型的药物至少需要10年才能研发成功。别忘了投资长远的基础科学，那些有望在10年内取得真正突破的领域。"

世界顶尖科学家协会秘书长王侯认为，中国科技要继续前进，一定要在基础科学领域有所突破，做出"从0到1"的成果，也就是所谓的"最初一千米"。红杉资本投资公司全球执行合伙人沈南鹏认为，相比过去的任何时期，基础科学研究对产业发展产生更直接、更快速的影响，让科学到技术的转化变得更高效、更专业。

美国国家医学院院士、诺华集团首席执行官万思瀚（Vasant Narasimhan）在论坛开幕式上发表的演讲，他表示："医药行业的多学科合作对推动科学创新意义重大，基础科学研究和创新药之间有着不可分割的联系。"他还强调了转化医学研究的重要性——近年来，转化医学研究成为医学相关领域的重点。转化医学研究是指临床医生与基础科学家相互合作，将实验室与临床联结起来。这样的合作使研究人员得以利用人体样本和数据，能够加速药物发现。没有基础科学的贡献，无数的临床医学和护理技术没有办法得以实现，患者护理和医疗保健也不会达到今天的高水平。

雷德蒙·斯蒂文斯举例称，10年前，电动汽车和自动驾驶还是梦想，很多人开玩笑说不可能实现。仅仅10年后，这个梦想就变成了现实。这都是由于转化研究，将基础科学研究转化成了肉眼可见的成果。他表示，新冠肺炎疫情让转化医学的研究变得更加重要。尽管我们能有效地观察器官，但是在分子领域的观察仍需进一步探索。

罗杰·科恩伯格进一步表明了基础科学研究的重要性——基础科学研究还有更重要的目的，探索欲和求知欲本来就是人类本性的一部分。它是物种进化的重要因素，激励着我们去探索更遥远的月球和宇宙空间，而对人体内部空间的探索同样宏大而艰巨，这就是人类精神的最好表征。他说："我们都非常清楚，基础科学是进步的源泉。历史上最伟大的发现——爱因斯坦的相对论，是基础科学领域的重大突破。此后，英国物理学家在量子力学领域利用了这个发现。今天，在相对论的基础上，有很多医学诊断取得了新的进步。相对论也是全球卫星定位系统的理论基础。无数例子显示，探索未知知识边界的过程，会给人类带来无限进步。"

迈克尔·莱维特近期一直在思考"基础科学到底重要与否"这一议题。他认为，很多国家会犹豫是投资基础科学，还是投资应用科学，这对中国而言是很重要的问题。基础科学是很重要的，而且会带来很多出人意料的结果，比如蛋白质和DNA测序，还有基因剪刀，这些都是大家之前没有预料到的。他说："基础科学之所以重要，就是因为它可以让我们做更基础的工作。从20世纪开始，美国的一些大学在基础科学研究方面获得了一些成绩，许多基础科学研究最后也被授予了诺贝尔奖，这对教学方面的工作也起到了非常重要的作用。"

科学研究要靠长期积累，关键时刻能不能冲得上去，要看已有的研究基础，寄望于"临阵磨枪"是难以行得通的。当下，我国面临的很多"卡脖子"技术问题，根子是基础理论研究跟不上。在第三届世界顶尖科学家论坛上，各领域的杰出科学家一致发出"重视基础科学"的呼声，既敦促科学界"放眼未来"，更呼唤科学政策制定者"为百年计"。

基础科学的进步缘何受阻？评价体系尚存偏颇，科研经费缺乏保障

在本届论坛的"科学态度"大师讲堂上，世界顶尖科学家协会副主席、2001年诺贝尔化学奖得主野依良治表示，自己写的论文大多数在同行评审的过程中都难免受到教条的严格限制，很多同行对新兴科学的出现并不敏感，其结果就是，新颖的研究论文被拒绝了。比如，哈佛大学某学术刊物拒绝发表关于聚合酶链反应（PCR）的论文，而PCR恰恰是一项在新冠时期非常重要的技术。野依良治认为："当下基础科学进步缓慢的重要原因在于，学术界评价体系尚存偏颇。无论是研究经费申请、大学招聘，还是学术推广与表彰，都过于强调在知名期刊上发表论文，而这些期刊中的大部分都属于商业出版社。"

相对于几个世纪以来人们对物理、化学等领域的探索，医学在科学发展中经历过长时间的迷茫——从前，疾病被归因于体液不平衡，其治疗方法是放血和服用强效泻药。这样令人难以置信的诊疗手段，与如今象征着人类智慧前沿的现代医学似乎有着云泥之别。

新冠肺炎疫情暴发，如何更快战胜疫情，让科学研究尤其是医学领域的研究备受关注。"科学在未来可以拯救人类。"在"科学态度"大师讲堂上，罗杰·科恩伯格呼吁，要解决难题，持续保持对自然的好奇心，只有这样，解决办法才会出现。基础科学研究正是这一切的关键，千万不要因为利益而把基础科学研究排在末位。他说："在现代医学近百年的历史里，

许多医学进步都是在求知过程中的偶然发现。这些发现在一开始并未带着任何应用的目的，也没有考虑某一种具体的疾病，它们是科学家追求探究自然规律的过程中，随之而至的成果。这表明了基础科学研究的关键作用，也阐明了科学发现的过程。这一重要事实常常被渴望更多、更直接利益的人士遗忘，这也是基础科学在发展中遇到的困境。相较于有着明确研究方向和初步证据支持的研究内容，这些一开始不知道能够得到什么发现的基础科学研究，很难得到拥有资源的决策者的偏爱。"

从总体来看，全球科学界还没有达到理想的资金支持状态，很多科学家期盼着稳定的资金来源。在本届论坛上，不少顶尖科学家在谈及最大挑战时，都提到了科研经费问题。他们指出，在基础科学领域，很多青年科研人员得不到政府和科研基金的经费以至于步履维艰，甚至像他们这样到了功成名就阶段的科学家，经费缺乏有时也仍会成为一个困扰。

基础科学"吸金"难的现象很普遍。从多位顶尖科学家提到的资金难题可以看出，基础科学"吸金"难——特别是青年科学家难以获得经费，是一个在发达国家科学界也比较普遍的问题。麦克阿瑟天才奖得主余金权回忆道："我的科研起步阶段在剑桥大学。那时，我申请不到科研经费，非常艰难。"即便是近年来，他有时也还会为科研经费而犯愁。

另外，科技政策过于强调实用与短期效应，也是基础科学的进步受阻的重要原因之一。诺贝尔化学奖得主伯纳德·费林加在出席论坛前接受澎湃新闻记者采访时，也对"当下人们过多地关注短期解决方案"深表担忧。

与会专家呼吁，对于基础科学要进一步支持，而不只是沉迷于在国际学术期刊特别是美国顶级期刊上单纯发表论文。不要以此为目标，而要以基础科学来推动相关研究。

基础科学出路何在？科学研究和人才培养"并驾齐驱"

中国国家主席习近平为第三届世界顶尖科学家论坛发来了贺信，向世界传递了鲜明而坚决的中国态度："中国高度重视科技创新工作，坚持把创新作为引领发展的第一动力。中国将实施更加开放包容、互惠共享的国际科技合作战略，愿同全球顶尖科学家、国际科技组织一道，加强重大科学问题研究，加大共性科学技术破解，加深重点战略科学项目协作。"

其实，在一些领域给予科学家稳定的经费支持，有望取得很高的"投资回报"。2010年诺贝尔物理学奖得主安德烈·盖姆（Andre Geim）就十分看好超导材料领域，他预言室温超导材料一定存在，但如何把它制造出来，还有待基础科学研究的突破。他呼吁：政府要持续地对一些基础科学研究方向给予资金支持，哪怕不少研究项目未能取得实质性进展。2012年诺贝尔物理学奖得主塞尔日·阿罗什表示，基础科学研究的长期性与国家领导人换届的短期性存在矛盾，科学家要多与政府官员沟通，让他们相信把经费投入长期性研究是很有价值的。

青年科研人员又如何争取到充裕的研究资金呢？英国伯明翰大学太空环境专业讲师肖恩·艾维奇（Sean Ivech）分享了自己的成功经验："我不缺科研经费，英国气象局对我的研究项目很感兴趣。我现在缺少的是时间，因为除了科研外，我还要从事教学和管理工作。我研究的是地球高层大气预报模型，理论上可覆盖2万千米范围。这种模型的'站位'达到太空高度，具有大尺度预报功能，可就卫星运行、航空高频通信、全球导航卫星系统的干扰因素发出预警。这项研究得到了英国气象局2 000万英镑资助。围绕政府、企业关注的问题开展创新性研究，是我获得充裕的研究资金的主要原因。我相信不仅是英国政府，其他一些国家的政府也会对这种模型的开发感兴趣。"

于百年变局中培养基础科学新人，显然极其重要。迈克尔·莱维特说："我们，特别是青年人，应该用科学去解决危机，而不是盲目恐慌。现在，是时候让青年科学家站出来了。"有专家提出，期待一个更有利于基础科学研究的良好科研生态，让科研人员充分发挥自由探索精神，释放出更大的创新潜能。

罗杰·科恩伯格表示，各国政府要有所作为，为人类福祉做更长远的考虑。他建议，各国都应该建立起合理的知识框架和投资框架，吸引国内外的重要人才，形成一个聘用青年科学家的市场。他说："这不仅仅是为了留住青年才俊，也是为了鼓励他们从事科学研究——选择科学事业，代表了巨大的牺牲和对科学的热爱，更应该得到重视。青年人的思想里，总是激荡着对科学进步来说最重要的灵感。"

耶路撒冷希伯来大学校长阿舍尔·科恩（Asher Cohen）与罗杰·科恩伯格持相似立场，他掷地有声地提出"基础科学研究是全球领先大学的首要使命"。野依良治进一步细化了"教育培养基础科学新人"的伦理与基本路径，他说："科学注定要取得进步。在任何时代，敢于挑战、创新并传承前人智慧财富的都是青年人。"因此，各国政府和科学界需要慷慨并耐心地鼓励这些真诚热爱基础科学的青年科学家和学生，尽可能地让他们保有对于基础科学的热爱。

如何在促进基础科学研究和国家科研战略之间取得平衡？人类命运互联，科学与人类互联

野依良治在出席本届"科学态度"大师讲堂后接受记者专访，面对促进基础科学研究和国家科研战略这两个看似迥然不同的主题，他清晰地指出其相关性：人类命运互联，科学与人类互联。具体而言，科学是人类共同的事业，但光靠科学家的努力是远远不够的。为了创造更多的价值，必须联合全球的顶尖人才，进一步发展全新、多元的科研领导力。

虽然长达几个世纪的科研经验证实了罗杰·科恩伯格提及的大学应重视基础科学研究的观点，但这一重要事实常被渴望更多、更直接利益的人士遗忘，这也是基础科学在发展中经常遇到的困境。现实情况常常使人恐惧，比如开发抗癌疗法的制药公司经常被迫在两种药物间做出选择，而这一衡量经济效益和社会效益的选择，往往是股东出于盈利的考虑做出的选择。美国癌症研究的年度预算只有50亿美元，不到美国软饮料年度支出的10%。相较于有着明确研究方向和初步证据支持的研究内容，这些一开始不知道能够得到什么研究成果的基础科学研究，很难得到拥有资源的决策者的偏爱。面对诸如此类并不罕见的现象，政府的作用尤为重要。解决这一困境，需要的是对人类福祉有着长远考虑的政府。

王贻芳院士在论坛上也回答了一些与中国基础科学研究相关的宏观问题："中国对基础科学的经费投入在过去20年间增加了10倍，使得我们现在的人均投入规模大约达到国际发达国家水平。在现有的投入规模下，连续

积累二三十年，中国的科研整体实力有望与发达国家齐平。"

有高原，才有高峰。

2020年8月，上海自贸区临港新片区规划的世界顶尖科学家社区拍卖了首幅地块，这里将建成世界顶尖科学家论坛永久会址。世界顶尖科学家社区将"最先一千米"优势转化为"最后一千米"的发展动能。世界顶尖科学家国际联合实验室同步启动建设，计划搭建培育未来世界科学领袖的摇篮。其中"温特&勒纳实验室"将以免疫化学基础研究为基础，以生命科学领域中与人类健康相关的重大关键问题为突破口，搭建分子药物、基因药物及细胞药物的相关前沿组合库技术平台，推动和引领以精准治疗和修复再生技术为代表的未来医学的突破和革新。令人振奋的是，在上海这片科技创新的热土上，基础科学研究越来越得到重视，这与顶尖科学家们的期待不谋而合。英国《自然》杂志增刊《2020自然指数——科研城市》发布了2019年位居全球前列的科研城市，上海居全球第5，体现了基础科学研究水平的提升。

事实上，基础科学研究与问题驱动型研究都很重要且互惠互利。对于研究人员而言，需要从最广泛的社会角度来思考；对各国政府而言，其作用主要体现在建立并管理高度互动的科学、技术与创新系统，从而有效地实现国家战略目标。

伯纳德·费林加对基础科学"如何塑造未来"这一议题颇感兴趣。他说，在基础科学领域，让青年科学家能够享受发现的喜悦，让有才华的青年人看到未来，有这样的自由去进行探索。他想要传达的信息是：科学能够引领创新，能够帮助我们来创造未来的社会。

从表面上看，"十年冷板凳"的基础科学研究与"应时而进"的国家科研战略存在结构性矛盾。第三届世界顶尖科学家论坛的与会专家们"披沙拣金"，刨除掩盖在"互通共进"真理之上的"基础科学与战略科研结构性矛盾"，清楚地说明了"基础科学也是国家战略组成""基础科学本身就是国家科学大计"。

跑好这一代人的基础科学"寂寞长跑"

人们都说基础科学研究是一场"寂寞长跑"，"运动员"却总是乐在其中。世界顶尖科学家协会秘书长王侯认为："基础科研要靠青年人。青年人是最活跃的群体，他们是创造未来的人。"从事基础科学研究，最重要的就是求真唯实的精神，因为基础科学研究本身在于追求人类对于客观规律的认识。揭示客观规律、探求真理是它发展的动力。基础科学有一个特点：厚积薄发，须有追求真理的精神。此外，基础科学研究往往要经过长期积累才能够有所突破，需要很长时间积累才能有成果。往往在开始的时候，很多人认识不到它所包含的重要价值，但每一个重大突破都会在相当长的时期以后，深刻地影响人类认识和改造世界的能力，最后经过技术转化，变成人类的财富。基础科学研究不是一朝一夕就能见效的，基础科学研究人员要能够长时间地坐"冷板凳"，需要有甘于寂寞的精神。有专家提出，基础科学研究人员一定要沉下心来，不跟风、不浮躁，潜心研究基础科学重要的基本问题，争当基础科学研究的国际领跑者。

2008年诺贝尔生理学或医学奖得主哈拉尔德·楚尔·豪森（Harald zur Hausen）语重心长地告诫年青一代医学家，不要"只盯前沿"，"忽略了基础科学可能带来的巨变"。他说："在医学领域有很多慢性病，还有一些代谢相关的疾病、免疫类的疾病迄今仍是人类未解之谜。其实，这些疾病难以攻克的根本原因是其机理不为人所知。因而，如果不努力研究这些机理，每天去关注其他方面，可能根本不会成功。如果你发现了一些导致这些疾病的要素，那么所有的这些努力转化到临床研究时都会是非常显著的——比方说有据可循的疫苗在全球都是非常成功的。很多前沿技术成果都是从基础科学研究当中来的，这些基础科学研究的就是疾病起源之类的非直接应用问题。"

2018年数学界最高奖——菲尔兹奖得主考切尔·比尔卡尔（Caucher Birkar）则鼓励年青一代数学专业的学生相信"大脑是数学研究的根本工具"，理性看待计算机技术应用带来的变化，扎扎实实做好基础数学研究。他说："数学研究主要是通过思考，通过纸张和笔。虽然我们可以将计算机用于数学研究，但是计算机对数学研究的作用还是非常有限的。这也是为什么我们从事的数学研究需要的资金没有那么多的原因，因为我们主要是通过大脑来思考。在未来，情况有可能会有不同，我们可能会看到更多的纯数学研究与计算机结合。计算机到底能做什么，是不是真的能够做很多像数学家这样思考，现在我们很难判断未来计算机到底能够发挥多大的作用。也许将来计算机能够发挥比较大的作用，但是在近期，计算机取代人脑做数学研究是不太可能的。"

在本届论坛的天文物理会议上，与会的物理学家们几乎"异口同声"地诉苦"缺钱"，他们表示："在欧洲，现在争取基础学科研究的经费越来越困难了，而且政府机构的官僚作风越来越严重。当今的欧洲关于资金方面的便利度跟当年不可同日而语。"即便如此，这些四处为"稻粱"奔波的基础科学家还是"异口同声"地勉励青年人坚定理想，不受外力干扰，脚踏实地做好基础科学研究。

青年人的头脑里，总是活跃着科学进步最重要的"基因"——好奇心和求知欲。好奇心和求知欲是基础科学进步之源。因而，倘若青少年从小立下"基础科学鸿鹄志"，则基础科学的振兴将有望极大提速。走进第三届世界顶尖科学家论坛的"少年科学家们"耳濡目染，对基础科学有了更多好感，也对"振兴基础科学"有了更强的使命感。来自上海市高境第一中学的邹一鸣在会后有感而发："'T大会'让我收获颇丰，最令我印象深刻的是莱维特教授的讲话，他启发我们要积极投身基础科学、保持创新意识，不断坚持、勇于冒险、敢于试错。"

　　在绝大多数时候，科学创新由量变到质变的过程都是漫长而艰辛的。对基础科学而言，创新之路更为坎坷，创新成果更是来之不易。只要坚定信念，跑好这一代人的基础科学"寂寞长跑"，那么基础科学之兴，以及由此释放的巨大社会进步能量，将会成倍于付出地回馈社会。一代代基础科学家手中交接的长跑"接力棒"，不仅传递着科学精神，亦传递着人类发展的薪火。

　　中国道家哲学讲求"无用之大用"。基础科学貌似波澜不惊，实则是人类社会走向下一个"千年"的"推波巨澜"。第三届世界顶尖科学家论坛秉承论坛设立之初"弘扬基础科学"的宗旨，于"百年变局"的关键时刻集中智慧，激荡基础科学新潮，为科学新时代建基，为全球现代化大厦夯实"柱础"。也许基础科学是"清寒"的，也许基础科学是"枯燥"的，但基础科学是"人类科学繁荣的基石"，没有谁能说它是"次要的"。第三届世界顶尖科学家论坛会落幕，但人类追逐基础科学前进的步伐将永不停歇。

第3章

理科生的文章功夫：为什么自然科学研究离不开语言训练？

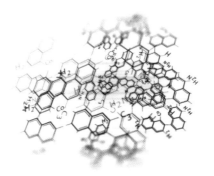

陈辉　编撰

2018年菲尔兹奖得主考切尔·比尔卡尔：

"有的时候知道得太多了，往往就不会有新的想法，我自己也是这样的。我在读博士时，我的导师就跟我说，你不要读太多书，如果你掌握的知识太多了，你的想象力就被扼杀了。"

2018年菲尔兹奖得主阿莱西奥·菲加利（Alessio Figalli）：

"你可以分享信息，比如，人们在网上公开发表文章，每个人都可以对此内容进行访问。在某种意义上，这是一种信息自由，这才是真正重要的。我们科学家都有着相同的目标：让科学进步，让社会进步。"

1986年图灵奖得主约翰·霍普克罗夫特：

"美国学生们是问问题的，如果说学生们不明白我所教的内容，他们会问问题，这就让我有机会来以不同的方式讲解某个想法。"

1987年诺贝尔化学奖得主让-马里·莱恩（Jean-Marie Lehn）：

"不要想方设法跳上已经开出的火车，换句话说，不要走别人走过的路。"

学生们从高中起实行文、理分科，分别报考不同院校，这在东亚国家和地区是较常见的教育制度。

1949年后，为快速选拔、培养人才，我国高等院校引入苏联的文理分科制度，于1952年6月至9月对全国高等院校进行了院系调整，分成文科和理科。5年后，即1957年，高等院校已然将专业划分为文史类、医农类和理工类三大科类，分别招收高中的文科生和理科生。

从表面上看，这一制度提高了教学针对性、节约了教育资源，但也带来一定负面影响，比如不少文科生科学素养不足，许多理科生不会写文章。最极端的情形是，全国理科院系中，只有30%的院系将大学语文课设为必修课。

2016年5月，一项针对兰州大学的问卷调查显示，虽然70.49%的受访理科生认为提高人文素养是非常必要的，但半年内阅读文科图书3本以下者竟达43.44%，只有6.15%的受访者半年内阅读了10本文科图书。无怪乎，49.18%的受访者对自己的人文素养水平不满意。

一些理科院系负责人往往觉得："理科专业学生的学业压力太大，人文素养的知识可以将来再补，反正不管会不会写文章，毕业后一样当工程师。"

这种看法，真的正确吗？

为什么数学家争取经费这么难？

"作为数学家，我们很难向别人去解释我们做的是什么样的研究，甚至跟其他的科学家解释起来都有难度。"数学家考切尔·比尔卡尔如是说，他是2018年菲尔兹奖得主。

这给数学家带来了不同方面的困难。

一方面，一些公众有时对数学家有刻板印象，觉得他们好像都是怪人。另一方面，一些国家的政府官员也这么看。因此，数学研究项目往往很难申请到政府资金，因为数学家很难跟政府官员解释清楚自己研究的项目的价值到底在哪里。

考切尔·比尔卡尔说："数学研究可分为两大类：应用数学和基础数学。应用数学研究主要是解决现实世界中的一些具体问题，而基础数学研究面对的是一些比较抽象的问题。研究清楚了以后，基础数学的研究成果是可以应用到现实世界的。可在投资者看来，数学家主要的研究工具就是纸和笔，虽然用计算机，但计算机对数学研究的作用非常有限，所以这也是为什么我们从事的数学研究需要的资金没有那么多，因为我们主要是通过大脑来思考。"

在基础科学研究中，研究经费至关重要，即使是全球最顶尖的科学家，也可能会在申请经费上受挫。2016年美国麦克阿瑟天才奖得主余金权回忆道："我的科研起步阶段在剑桥大学。那时，我申请不到科研经费，非常艰难。"即便是近几年，他有时也会为科研经费犯愁，他说："总体来看，全球科学界还没有达到理想的资金支持状态，很多科学家期盼稳定的资金来源。"新晋诺贝尔奖生理学或医学奖得主哈维·阿尔特对申请经费之难，甚至产生了一些心理阴影，他的儿子小阿尔特曾经也是医学领域的优秀科学家，可在申请资助的过程中耗费了太多精力，最终忍痛放弃了科研生涯。

一项问卷调查的结果显示：仅有10.41%的受访者表示科研经费充裕，可以开展一些费用高的实验；超过30%的受访者经费缺乏，其研究工作受到严重影响；57.32%的受访者则表示可以维持研究工作正常运转，但不能进行费用高的实验。在各种资金来源中，利用个人募集的经费做科研是最捉襟见肘的，其中有将近七成的研究人员经费缺乏，研究受到严重影响。反之，来自政府科研项目或基金及企业科研委托或合作的研究人员的经费则最充裕，经费缺乏的研究人员只有两成多。

写好经费申请报告，用外行也能很快看懂的语言，阐明研究的价值、经费支持的合理性，这已成为学科发展的重要一环。

考切尔·比尔卡尔表示，数学家申请经费更难，因为数学有自己的专业语言，需长期培养才行。一般来说，数学语言是进行数学思维和数学交流的工具，根据外部特征，可以分为三种：文字语言、图形语言和符号语言。数学语言是一个人数学能力和数学素养的主要反映。可在其他一些科学领域中，不存在专业语言，这让搞数学研究的人常常沉浸在自己的专业语言中，很难向别人表达清楚自己的想法，不时被误解。

多用语言，才能超越技术人员

作为科学研究者，熟练掌握大众语言，写出普通人也能看懂的文章，是一项基本功。

已故著名数学家华罗庚先生曾经说过："要打好基础，不管学文学理，都要学好语文，因为语文天生重要。不会说话，不会写文章，行之不远，存之不久。""学科学的人不学好语文，写出的东西文理不通、枯燥乏味、佶屈聱牙，让人难以读懂，这是不利于交流、不利于科学事业发展的。"

2002年菲尔兹奖得主洛朗·拉福格（Laurent Lafforgue）表示："对于外行人来说，他可能会觉得，数学就是写一些公式、图表之类，然后大量计算。其实，数学家并不是只会计算公式，一旦有了新成果，他们也必须写文章，所有科学家都是用日常语言来表述科研成果的。"

拉福格特别强调了两点：

其一，历史上许多数学家在接受教育时，先学的往往是文学，学欧洲的古老语言，后来他们才成为数学家。他们先接受的教育不是数学，不是科学，而是语言。他们在学好语言后才去搞数学研究，而现在的数学家和他们的前辈所接受的教育完全不同。

其二，现代数学教育和其他科学一样，培养的往往是技术人员，而不是数学家。培养技术人员，学好数学语言就可以了，而培养数学家，就要学好多种语言。因为每一种语言都有自己的思考方式，只有掌握的语言多了，才能形成创造力，而有创造力才能当数学家。

在考切尔·比尔卡尔看来，日常语言和数学语言同样重要，掌握不同的语言，可以让数学家以不同的方式思考数学，避免大家都变成技术人员，他表示："我认为数学语言应普遍化。数学语言要让大众能听得懂，语言决定了我们的思考方式，语言能够反映文化。数学家用不同的语言来从事数学研究，其中也有不同的流派，传统数学有法国流派、英国流派等，但是对于数学家如何表达、怎么去证明，我是有疑问的。在我研究的领域，所覆盖的议题比五六十年前涉及的面更广、更复杂。因此，即使在同样圈子里的人，也不一定能够相互理解别人的研究成果，因为大家研究的问题不一样，使用的方法也不一样。以我个人的看法，现在的教育是有问题的。按照这样的方式培养出来的数学家将来只能成为技术人员。数学作为一门科学，它不是只用一种语言来表达的，而是用不同的语言来表达的。因为每一种语言都有自己的思考方式，如果数学用好几种语言在世界不同的地方得到应用的话，那我们就有不同的研究数学的方式。"

科研选题的能力，也从写作中来

美国科学院院士、美国医学院院士、中国科学院外籍院士谢晓亮依然记得，他在高中时曾写过一篇题为《圆明园》的作文，后来被老师在班里当作范文。他说："这可能不是因为我的文笔好，而是我的选题好，我以圆明园的景色来比喻祖国百废待兴的状况，并憧憬改革开放以后的美好未来。"

这个经历让谢晓亮受益匪浅，因为在做科研时，选题非常重要。

所谓选题，就是确定研究的内容、方向、目标，这其实是具有战略意义的问题，是每项科研工作的起点和关键。爱因斯坦和英费尔德在合著的《物理学的进化》一书中指出："提出一个问题往往比解决一个问题更重要。"科学研究的实践表明，选题恰当与否，对科学研究工作的效果大小、成功与失败，往往起着决定性作用。

一般来说，科研选题的思路很多，既可以从已有理论出发，进行推理和扩展后再运用于实践，也可以寻求实践中遇到的具体问题，作为科研题目的初级原型。此外，还可以从两个已知领域的交汇处寻找选题。然而，很多大学生缺乏实践经验，而且理论积累不足，一般只会采用文献综述法来策划选题，其优点是对实践经验、理论水平要求没那么高，符合大学生的知识结构，缺点是阅读量大，泯灭了他们的想象力。

考切尔·比尔卡尔说："有的时候知道得太多了，往往就不会有新的想法，我自己也是这样的。我在读博士时，我的导师就跟我说，你不要读太多书，如果你掌握的知识太多了，你的想象力就被扼杀了。"

充分的语言训练，可以破解"不读论文不知怎么策划选题，多读论文又会挫伤想象力"的两难。

上大学时，谢晓亮的专业是化学。后来，他不断突破学科界限，从物理化学、生物物理到生物化学，再到分子生物学、基因组学及临床医学，在相关新兴交叉学科做出了创造性贡献，并成为单分子酶学的创始人、单分子生物物理化学的奠基人之一。在此过程中，"会写文章"使他受益匪浅。

1999年，36岁的谢晓亮来到哈佛大学，成为中国改革开放以来第一位获得哈佛大学终身教授职位的大陆学者。当时他"最大的担心是没有足够的经费做研究"，第一年就一口气写了6份申请书，竟全部申请到了资助。

科学家应该当"网红"

在科学界，研究人员越来越认识到，想在一个领域内取得突破，有时需要专业领域之外的思路，需要其他领域科学家的研究成果来支援。跨界研究帮助研究人员从另外一个视角去思考解决问题的思路，可能会获得意想不到的发现。

2018年菲尔兹奖得主阿莱西奥·菲加利一直感到奇怪："为什么人们总觉得数学家就一定不谙世事、行为古怪呢？"少年时，他从没想过成为数学家，直到在高中时参加了一场国际奥林匹克竞赛，他才意识到自己一直被数学吸引。他用"生活总是充满巧合"来概括他与数学的关系。在研究数学问题时，他也经常会遭遇挫败，陷入无解的死循环。

阿莱西奥·菲加利原本研究偏微分方程，他将其应用于物质相变研究，他说："冰融化成水是一种最常见的物质相变。冰到底是怎样变成水的，如果追求非常精确的描述，就需要运用高等数学，需要数学家与物理学家合作。"最终，他完成了最优运输理论，简单地说，就是以最便宜的方式将资源从一处运输到另一处。该问题已困扰数学家们超过250年，该成果在机器学习、气象学、流体力学等很多领域都有持续、深入运用的价值。

菲加利喜欢主动与其他领域的科学家交流。在他看来，数学家不能囿于自己的高深语言，而是要主动与其他领域的科学家交流，尽量用他们听得懂的语言介绍自己的研究方向和成果，并探讨双方潜在的合作领域，哪怕只是在网上写篇科普文和分享信息。菲加利感慨很深，他说："有时候人们不是非要聚集在同一物理区域才能进行合作。事实上，你可以分享信息，比如，人们在网上公开发表文章，每个人都可以对此内容进行访问。在某种意义上，这是一种信息自由，这才是真正重要的。我们科学家都有着相同的目标：让科学进步，让社会进步。"

2016年诺贝尔化学奖获得者让-皮埃尔·索维奇（Jean-Pierre Sauvage）表示："沟通对基础科学研究非常重要，应该尽可能明晰地向公众阐述我们研究工作的内容，以及为什么开展这样的研究工作。我认为科学家的一项重要任务就是要让公众理解他们。如果科学家把故事讲得精彩，公众还是会非常感兴趣的。因此，我们要追求长期的研究项目，不要去追求一些短期的结果，我们要强调基础科学的长期作用，而不是只着眼于眼前的利益。"

把科学的故事讲得精彩，科学家才能有更多机会，正如阿莱西奥·菲加利所言："数学学科在进步，科学研究也在进步，一切都是相互联系的。比如，我所做的研究被很多人应用在人工智能领域。也许在未来或者现在，我研究项目的成果也有能够应用在生物学科里面的部分。有些人可能会觉得我为他人作了嫁衣，我倒不是很担心这一点，毕竟科学是在进步的，紧接着，新的应用领域就会自然地到来。"

科学家沉默的代价是惊人的

有调查显示，大多数科学家不喜欢使用社交软件，很少写网文，生怕被同行耻笑。这不仅限制了他们的发展空间，也不利于科学发展。

科学家往往不愿当"网红"，因此当重大公共事件发生时，"科普权"常常被外行僭用。以新冠肺炎疫情为例，针对美国第45任总统特朗普关于新冠肺炎疫情的种种引起争议的说法，《科学》杂志总编辑赫伯特·霍尔登·索普（Herbert Holden Thorp）于当地时间2020年9月11日在官网发文：《特朗普对科学说谎》（*Trump lied about science*），批评道："这些谎言使科学界士气低落，造成了无数民众受难。""现在，一位美国总统故意对科学说谎，这一恶劣行径威胁了人类健康，更直接导致了许多美国民众死亡。"索普称，"这可能是美国科学政策史上最羞耻的时刻。"

严谨的科学家专注于自己的研究领域，担心在非专业领域发表意见可能引起公众不满，只好选择沉默，而科学家沉默的代价往往是惊人的。事实证明，沟通越早、越充分，效果就越好。科学家不应该把自己封闭在学术圈内，应该与公众更多地建立有效联系。

"我们必须团结起来，必须考虑到比如说《纽约时报》等世界上的报刊在科普宣传方面做得是不够的。科学家必须做些什么。"针对新冠肺炎疫情，2010年诺贝尔物理学奖得主安德烈·盖姆表示："我认为科学的相关建议，现在并没有得到充分重视，有的时候甚至完全被忽略了。"

首先，向政府建言献策的这些科学顾问，往往是职业的、有科学背景的人，他们实际上在科学界和政府之间起到桥梁的作用，几十年中都没达成共识也是有可能的。在正常情况下，很长时间没有决策是可以的，但在突发状况下，这就很危险了。

其次，科学家在疫情期间缺席。无论是经济学家、化学家，包括其他学科相关的建言献策，实际上都被忽略了。

最后，一些科学家不应该受到政治的腐蚀，也不应该受到踌躇不前的坏习惯的影响。

安德烈·盖姆认为："比如说关于口罩的佩戴，一些国家的政府要求立即使用，另一些国家政府则推迟了很多个月，比如说美国、英国，这导致许多人丧生。有的政府说，没有很好的医学证据，不应该下令佩戴口罩。可实际上，不同的学科有不同的证据，应该根据医护人员提供的证据来行动。在物理学上，只要进行气流实验，加上科学常识，就已经有足够的证据说服物理学家推荐立刻戴口罩。但社会学专家会问，口罩到底能不能阻挡病毒的颗粒？即使他们拿不出证据，也至少应'亮起红灯'，让别人和你保持足够的社交距离。因此，当下一次再有这样的紧急情况时，我们觉得在科学建言献策方面，真的还有很多需要改进的地方，比如说，咨询一些独立的智库，有些智库可能有各学科专家组成的团队，这很重要。"

突破"斯诺命题",写作课是好办法

1959年5月7日,英国物理学家、小说家C. P. 斯诺(C. P. Snow)在其母校剑桥大学做了一个著名演讲,题为《两种文化与科学革命》。他提出:"我相信整个西方社会的智力生活已日益分裂为两个极端的集团……一极是文学知识分子,另一极是科学家,特别是最有代表性的物理学家。"对科学与人文之间的分裂,他提出严厉批评,这被称为"斯诺命题"。

斯诺准确地击中了现代教育的核心问题——只能培养素养不全面的人:从事自然科学的人,习惯把科学中严谨、规范的模式,套用到对待社会的态度上;从事文学创作的人,善于把文字中幽默、浪漫的态度,套用到对待社会的模式上。前者认为后者缺乏理性,后者则"难得有几个文学家或非科学家会因对科学知之甚少而感到羞愧。事实上,许多人似乎反倒以他们的无知(不把科学当文化,却视科学为反文化)而荒谬地自以为是"。

要突破"斯诺命题",需要通识教育。所谓通识教育,是一种全新的教育方式,其目标是:在现代多元化的社会中,为受教育者提供通行于不同人群之间的知识和价值观。

通识教育源于19世纪,当时有不少欧美学者有感于大学的学术分科太过专门、知识被严重割裂,于是提出"通识教育"的概念。其目的是使学生能独立思考且对不同学科有所认识,从而能将不同知识融会贯通,最终目的是培养出完全、完整的人。在20世纪,通识教育已广泛成为欧美大学的必修科目。

然而，在具体实践中，我国通识教育的发展遭遇了三个瓶颈：

其一，学生怕占用太多时间，影响所谓"正课"成绩，不愿接受有一定难度的通识课，或者平时不上课，考试前突击复习；

其二，蜕变成精英式的博雅教育；

其三，缺乏优秀教师，"水课"太多。

相比之下，国外在通识课建设上，有更多的成功经验。20世纪90年代前，美国普林斯顿大学也没有建立写作课程体系，没有专门的写作课程的实体管理机构。写作只是列为常规课程，由各系自行开展，一般是两篇初级学期论文和一份毕业论文。

1990年，普林斯顿大学试点了一个小型的写作计划，修订了大学课程中的写作要求，规定所有学生都须参加写作的密集课程。1999年，普林斯顿大学又对其写作教学体系进行评估，评估报告认为，写作课与写作的重要性不相称。因此，普林斯顿大学制订了一个新计划，进一步强化了写作课，而且改革了写作课的授课方式。

据段勇义、杨萍合撰的《重构写作课———普林斯顿大学写作课程体系的路径和启示》一文（《写作》杂志2020年第4期）介绍，如今，普林斯顿大学每年都会举办100余场写作研讨课，参加每个主题研讨课的学生控制在12人以内，写作研讨课是多学科的，旨在强调批判性探究、多角度论证和研究方法。每次研讨课会就某个主题进行讨论，如数字生活、保守政治、传染病和"后人类"等。学生的声音是每个写作研讨会的中心，他们不仅练习如何写作，还练习如何成为彼此作品的慷慨、认真、细致的读者。通过这种方式，写作被理解为批判性思维训练的过程，这个过程可以通过反馈和修改文章来加以训练和提升。所有普林斯顿大学本科生都会在大学一年级的秋季学期或第二年春季学期参加写作研讨课。

在讨论式教学课堂中，教师、学生保持站立行走的状态，因为调查表明，这可以提高60%的创造力。

普林斯顿大学为什么这么看重写作课？

因为，写作课不只是教写作，而是通过写作，提高学生的综合能力，包括批判性阅读能力、有效的文献获取能力、逻辑清晰的书面表达能力、演讲能力、正确讨论问题的能力等，这些都是研究人员的重要素质。

公众不理解，学科难发展

不出意料的是，顶尖科学家都高度看重写作能力，甚至认为它是突破现代学科藩篱的有力工具，可以推动专业水准的提升。因为写作可以培养人的审美意识，而科学的魅力恰恰就在于它是一种美，而不只是一种技术。

考切尔·比尔卡尔认为："数学研究不只是一份工作，我们做数学研究，不是以工资来衡量的，我们做的很多工作都是超出我们的工资支付标准的。它不应只被当作一份工作，我们做这件事情是因为特别相信、特别享受我们工作的价值。数学对我们来说，就类似艺术，我们用笔和纸来创造艺术，就像别人跳舞、演奏音乐一样，所以这不只是一份工作。你必须深信自己工作的价值。"

2018年菲尔兹奖得主阿莱西奥·菲加利也表示："数学本身是很美的，我们研究数学的人觉得它非常优美，研究数学的人都懂，但是很难跟别人解释。就好像你是一个职业音乐家，听音乐的时候，你能够听到每一个音符。但是对一个门外汉来讲，音乐听上去只有一个总体感觉，门外汉是听不出来每个音符的。因此，一个人需要多年的训练才能欣赏音乐，听出微妙的差别。"

洛朗·拉福格说："在过去几十年中，不少数学猜想被解决，但以前的数学家，他们较之于20世纪50年代、60年代甚至70年代的数学家，都没有产生很多的概念性突破，他们利用此前的数学家的突破，以他们的研究为基础，前进了一步。今天的数学技术性越来越强，沟通的难度大大增加。我认为这存在着一种危机，以后可能我们的研究成果，别人都听不懂、搞不明白，现在基本上是一个数学成果发表后，世界上只有几个人能搞清楚这个成果的原理、解决了什么问题。我觉得，格罗滕迪克①对世界的最大贡献就在于他能让数学走进大家都可以理解的范围。数学不是难度越高越好，现在的数学研究已经让人太难理解了。"

公众不理解，给予学科支持的力度就会减少，年轻人就不愿意学习数学，科研成果也无法更好地服务公众。由此可以理解，为什么中国学生在数学奥林匹克竞赛中表现突出，自1985年参赛以来已夺取20次集体冠军，排名全球第一，如此多的获奖选手，其中真正成为数学家的却很少。

据2018年的统计数字，在北京大学数学科学学院的毕业生中，大部分本科生选择了升学，88%的研究生选择了就业，其中金融方向占了一大半。著名数学家丘成桐先生在接受媒体采访时曾说："在基础数学方面，中国的年轻人已经开始接近国际水平，但是缺少开发崭新方向的大学者，中年以上的领军大师也不易找到。"

"会考试，却没人肯做研究"，可能也是现代学科建设的内在缺陷造成的后果之一。

---

① 现代代数几何奠基者，被誉为20世纪最伟大数学家。

中国学生应该多问

　　"美国学生们是问问题的，如果说学生们不明白我所教的内容，他们会问问题，这就让我有机会来以不同的方式讲解某个想法。此外，一个学生问问题，整个课堂上的学生都会受益，所以说我鼓励各位在课堂上发问。"2020年10月31日晚，在第三届世界顶尖科学家论坛特设的"T大会"环节，1986年图灵奖得主约翰·霍普克罗夫特对比了中美教育的不同。

　　对于中国的青年科学家，霍普克罗夫特的建议是：一周有168小时，当你把吃饭、睡觉、工作、洗衣服等时间都给排除掉后，大概剩下20小时，这20小时是真正可以随意支配的，做自己喜欢的事情。如果这个事情是你非常喜欢做的，那么你会把这非常有意义的20小时扩充到60小时，你就会有机会获得成功。

　　"每个人只有一生、一辈子，所以接下来四五十年当中，你应该好好利用时间。当你退休的时候，最重要的并不是你赚了多少钱，而是你获得的满足感，让这个世界变得更加美好，以小的方式，让你最有收获的方式。"霍普克罗夫特说。

　　1987年诺贝尔化学奖得主让-马里·莱恩对青年科学家的建议是："不要想方设法跳上已经开出的火车，换句话说，不要走别人走过的路。要有独特的思维，你的思考方式要跟你学习的这些常规的东西不一样，有的时候甚至要跟它背道而驰，跟大家公认的东西背道而驰。其实，最重要的事情，就是要有这样一种精神，要有这种科学的精神，来看待世界、看待社会。把科学带给所有的人，这是我们的责任。青年科学家作为公民，必须了解科学的基础方面，科学会质疑任何教条，科学不认可任何权威。"

"从我们的地球，一直到任何地方，科学在整个宇宙中都是成立的。我们尊重社会，我们尊重伦理道德。科学是一个工具，要为社会服务。"莱恩说。

第4章

"宇宙之弦"：探索终极的万有理论

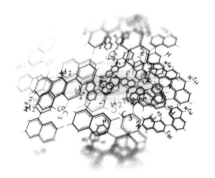

崔文喆　编撰

2012年基础物理学突破奖得主内森·塞伯格（Nathan Seiberg）：

"即使弦理论可能不是'万物理论'，但它也将成为终极理论，因为尽可能用最短的距离来解释事物的理论，需要花很长的时间才能够实现，而结果会令人非常兴奋。"

2014年基础物理学突破奖得主约翰·施瓦茨（John Schwarz）：

"弦理论令人激动的地方在于，当人们越深入地研究这个理论，就越清楚它的价值所在。"

2012年基础物理学突破奖得主尼玛·阿卡尼-哈米德（Nima Arkani-Hamed）：

"弦理论是一种强大的指引，引导我们进一步探索这个世界，推进我们的研究，我们不能给自己设限。这种结构告诉我们下一步要做什么、怎么去做。"

探索宇宙的终极奥秘

宇宙是什么？

这个问题从古至今困扰着人类，人类也从未停止过对这一问题的探索。物理学家认为，宇宙可以而且理应只有一个可以解释所有的基本力的"大统一理论"（Unified Field Theory）。这种想法不但有美学上的吸引力，而且也与宇宙起源于一场极其炽热的大爆炸的观念有关。在宇宙诞生之初，所有作用力都同处于一个无法想象的高能态，因此其行为如同单一的作用力，我们需要一个完美的理论来解释整个宇宙，可是找到这个理论的过程并不容易。

2020年11月1日午后，第三届世界顶尖科学家论坛举办以"宇宙之弦"为主题的大统一理论峰会。三位近年的基础物理学突破奖得主聚首云端并热烈对谈，他们分别是：2012年基础物理科学突破奖得主内森·塞伯格、尼玛·阿卡尼-哈米德以及2014年基础物理科学突破奖得主约翰·施瓦茨。

回首漫漫科学史，随着人类社会的发展，科学的价值逐渐提升。从早期的科学探索，再到文艺复兴时期的科学萌芽，经典力学奠定了现代科学的基础，科学的进步正在一步步推动人类社会的发展。步入20世纪以后，物理学迎来了飞速发展，人类致力于寻找一种统一的理论来解释当时已知的所有相互作用。爱因斯坦提出的狭义相对论颠覆了经典力学的世界，而广义相对论则颠覆了人们对于"时空"概念的理解。普朗克的量子力学拉近了人类和宇宙的距离。

相对论和量子力学都可以说是人类智慧的结晶，它们都经过了最严格的实验验证，都是当前最成功的理论。但是，相对论和量子力学却有着难以调和的矛盾，这种矛盾主要体现在其中的引力上。在广义相对论看来，宇宙空间就像一张巨大的膜，虽然物质可以使它弯曲，但空间还是很平滑的。但在量子力学看来，宇宙空间在微观尺度上是剧烈涨落的，根本就不是平滑的。在微观尺度上，相对论和量子力学冲突了。爱因斯坦晚年为了解决这个矛盾，曾一度致力于构建大统一理论。然而事与愿违，爱因斯坦直到去世都没有解决这个问题。

不过，人类没有停止探索的脚步，关于宇宙的探索随着"电弱力"概念的提出又迈进了一步。哈佛大学的谢尔顿·格拉肖（Sheldon Glashow）和斯蒂文·温伯格（Steven Weinberg）以及英国帝国理工学院的阿卜杜斯·萨拉姆（Abdus Salam）三位学者所提出的"弱电统一理论"，统一了电磁力与弱相互作用，他们因此共同获得了1979年诺贝尔物理学奖。

但这一理论成果还远远不能解释整个宇宙的现象，距离找到真正的大统一理论可能还有两步之遥。第一步，是找到将弱电统一理论与强相互作用统一在一起的电核力，这种力虽然尚未被观测到，但是有模型预测结果显示它是存在的。第二步，就是找到将电核力与引力相统一的"万物理论"，它就是真正可以解释整个宇宙的大统一理论。然而，人类的理论研究和实际观察都不够完善，真正迈出这两步相当困难。内森·塞伯格认为现在这一系列的问题，或许看起来像是哲学问题而不是物理问题，但这些有趣的物理问题彼此之间紧密相连。关于宇宙本质的猜测众说纷纭，有学者说宏观宇宙与微观宇宙本身就没有分别，也有学者说不确定性就是宇宙的本质。越深入研究宇宙，我们对于宇宙的本质就越感到疑惑。

绚丽的"宇宙之弦"——弦理论的诞生与发展

　　20世纪60年代，当约翰·施瓦茨还在哈佛大学就读时，科学家们早已了解宇宙的四种基本力：引力、弱相互作用、电磁力以及强相互作用。但是，对于宇宙这四种基本力和它们之间的相互作用都没有完美的解释，无论是卡鲁扎、克莱因还是爱因斯坦，都没能建立一个囊括一切所知的物理现象的理论，就是人们通常所说的大统一理论。

　　1968年，意大利物理学家加布里埃莱·韦内齐亚诺（Gabriele Veneziano）独辟蹊径，构造了一个函数来描述强相互作用过程中的一些散射情况，这造就了现今的弦理论，为人们理解和接近大统一理论打开了一道大门。弦理论的野心很大，它试图解释基本粒子和四大基本力的联系以及量子力学和广义相对论之间的矛盾，成为爱因斯坦穷极一生都没有找到的"万物理论"。于是，它一经问世，便像救世主一般得到了全球大统一理论研究者的极大重视。这一理论真正对爱因斯坦的相对论进行了改良，并且能够更好地解释宇宙的本源。如果我们的宇宙是一个具有多重维度的薄膜，在高维空间中运动，那么宇宙大爆炸就可能是我们的宇宙与另一个平行宇宙发生碰撞的结果。这种碰撞可能会反复发生，宇宙中的星系会沿着沙漏状的路径在平行时空中来回穿越。

　　具体来说，弦理论是一个现实的理论框架，其基本概念是：宇宙的基本组成部分并不是点状的粒子，而是一维空间的不断振动的细长物体，就像琴弦一样。在数量众多的基本粒子中，每一种基本粒子的性质都十分独特。不同的粒子在弦上可能有不同的振动频率。这样简单的理论是如何解释粒子之间的复杂的相互作用的呢？把量子力学应用在振动的弦上，就能够表现出全新的性质。这些弦和小提琴的琴弦相似，振动在弦上以光速向前传播。不管是对量子物理理论还是对宇宙学来说，这些发现都能带来重要的启示。

约翰·施瓦茨（John Schwarz）是幸运的，他在弦理论诞生之初就投入了这一领域的研究。施瓦茨把弦理论引入夸克模型，认为夸克之间靠一条弦连接着。夸克模型中有一个物理现象，描述了夸克不会单独存在，而由于强相互作用，带色荷的夸克被限制与其他夸克在一起，使得总色荷为零，这一现象被称为"夸克禁闭"。利用弦理论来解释夸克为什么"禁闭"，施瓦茨说，因为夸克之间是由弦连接的，这个力巨大到无法将它们分开。在这一时代，弦理论还涉及了"高维空间"和"平行宇宙"等更多更复杂的理论，令全球的科学家非常向往。无数科学家想要在弦理论的相关研究中做出成绩，在当时，人们认为只需要研究出合理的理论，甚至不需要完全证实，就很有可能拿到诺贝尔物理学奖，所以研究人员的热情极高。

虽然弦理论诞生了，但这一理论的发展并非像人们设想的那样顺利。因为在很长一段时间里，人们并未真正严肃而认真地对待这一激进而玄妙的理论。尔后兴起的量子色动力学（QCD）则逐渐成为学界的主流，大卫·格罗斯（David Gross）等人也因在该领域的建树而获得2004年诺贝尔物理学奖。这主要是由于当前弦理论研究还处于理论阶段，很少有研究能将这一理论与实验联系起来，相关研究设备也不完善，预计弦理论在未来一段时间内也难以被证实。因此，就现有条件研究弦理论，被一些科学家认为是操之过急。

在我们熟悉的美剧《生活大爆炸》中，男主角谢尔顿曾经一度放弃了弦理论的研究，但是最终又重启了。谢尔顿说："费曼曾经说过，他干物理这一行，不是为了名声或者金钱，只有当我们不再对物理充满激情的时候，物理学才真正死了。"这种信念也真真实实地存在于现实中，施瓦茨就是那个对弦理论一直饱含热情、从未放弃的研究者。在20世纪70年代初，许多研究人员停止了对弦理论的研究，研究团队从几百人缩减为几人，很多学者转而研究其他一些领域。1969年，诺贝尔物理学奖得主、夸克模型奠基人默里·盖尔曼（Murray Gell-Mann）表示很同情那些弦理论研究人员，因此在美国加州理工学院设立了一个"濒危弦理论研究人员保护区"，从而使得像约翰·施瓦茨这样的科学家不至于失业。但在施瓦茨看来，弦理论仍是非常美好的理论，他执着于这个领域。

在20世纪80年代，施瓦茨在弦理论上的耕耘终于有了新的成果。他与英国伦敦大学玛丽皇后学院的教授迈克尔·格林（Michael Green）在1984年确定了超弦理论的唯一维度是九维，并存在三十二维的旋转对称性。这个重大发现引发了第一次超弦理论革命。此后，超弦理论成为超级热门的研究课题。弦理论领域不断出现令人激动的新发现，由此有更多人参与到这个理论的研究中。

第一次超弦理论革命后，在超弦理论领域产生了五种不同的九维的超弦理论，虽然它们之间并不存在矛盾，但物理学家仍不满意。在追求大统一理论的道路上，存在五种理论的超弦理论不够完美。1995年，普林斯顿大学的爱德华·威滕（Edward Witten）教授掀起第二次超弦理论革命。他在加利福尼亚大学举办的超弦理论国际会议上指出，这五种超弦理论其实是一个理论的五种化身。统一五种超弦理论的是"M理论"。威滕没有为它具体命名，他表示："M的意思可以根据个人喜好理解为Mystery（谜）、Master（统治者）或者Mother（母亲），都没有关系。"在"M理论"诞生之后，1996年哈佛大学的安德鲁·斯特鲁明格（Andrew Strominger）和卡姆朗·瓦法（Cumrun Vafa）发现通过"M理论"计算的黑洞熵符合霍金的预测，至此人们更相信"M理论"能解释宇宙的本源。几十年来，物理学家一直梦想着的可解释一切的"万物理论"似乎有了正确的方向。

在施瓦茨看来，弦理论是一个像冰山一样的理论，因为在海洋表面冰山一角的下面、在深不可测的海底，还有各种各样令人兴奋的内容等待人们去发现。大家都无法做出预测，需要去做更多的研究来挖掘这些信息。弦理论令人激动的地方在于，当人们越深入地研究这个理论，就越清楚它的价值所在。弦理论的一大价值，就是它包含了很多我们之前无法解答的问题的答案。

突破通往最终答案的瓶颈——超级对撞机与
弦理论的前沿

　　弦理论只是人们对现实世界的一种猜想，没有人敢断定它就是终极的理论，这也让前沿而激进的弦理论常常充满了争议。弦理论虽然在数学模型上存在，但到目前为止，并没有能证明弦理论的实验性证据。"弦理论的研究人员提出了无数种数学解释，但与我们的观测结果均不存在任何已知关联。"德国法兰克福高等研究院物理学家萨比娜·霍森菲尔德（Sabine Hossenfelder）指出。塞伯格则对此表示："弦理论是科学的、自然的理论，我们在研究自然，因此进行实验验证是绝对有必要的。"

　　包括尼玛·阿卡尼-哈米德在内的研究人员则坚信，弦理论总有一天会证明自己。如果阿卡尼-哈米德的设想是正确的，大型强子对撞机（LHC）将显示出宇宙中的"分离超对称性"。在过去的半个世纪中，基础物理学领域的许多进展是由大型加速器项目驱动的。无论是偏好理论的物理学家，还是偏好实验的物理学家，大型加速器是将他们联系起来的节点，对于弦理论的研究人员来说更是如此。然而，在弦理论刚刚兴起的二十世纪六七十年代，利用大型强子对撞机来检验弦理论的概念是难以想象的。

　　作为近年来最为耀眼的前沿学者，阿卡尼-哈米德迫切需要这个星球上最先进的大型对撞机来进一步证明他所做的研究。在阿卡尼-哈米德看来，无论在世界何地兴起大型加速器项目，那里就会成为基础物理学的中心与焦点。毋庸置疑，所有相关的研究人员都会涌向那儿。大型强子对撞机已经吸引了五六千位科学家和工程师。阿卡尼-哈米德说："我们物理学家不在乎它设在什么地方，哪儿都行。中国以它比别人大得多的经济规模和人口规模，还有我们需要的人才数量，将扮演中心角色。如果我有一万亿美元，成为世界上最富有的人，我会在全世界建许多加速器。世界上有很多需要提前20年、30年、50年考虑的问题。我们物理学家几个世纪都在这样做。"对于弦理论的研究人员来说，大型对撞机是不可或缺的。许多科学家认为超弦理论中的超对称粒子的存在只是一个猜想，没有任何实验根据，而希望用超大型对撞机发现此猜想中的粒子，更只是猜想加猜想。但无论是猜想还是现实，弦理论的研究人员需要用实验来证明自己。

当欧洲的大型强子对撞机在2008年试运行的时候，物理学家们只想着怎么让这台价值50亿美元的机器运转起来，此外别无所求。因为这些科学家中的很多人亲历了美国超导超级对撞机（SSC）的黯淡下马。到了2012年，LHC发现了希格斯玻色子，完成了它最初的使命，于是物理学家们开始兴致勃勃地设计一台新机器——超大型强子对撞机。密歇根大学的物理学家戈登·凯恩（Gordon Kane）在《今日物理》（*Physics Today*）杂志上撰文指出，大型强子对撞机升级完成后，不久便可提供佐证弦理论的证据。

对于弦理论的研究人员来说，这毫无疑问是令人兴奋的。阿卡尼-哈米德听说中国要建立巨大的对撞机，虽然他之前从未到访过中国，但他马上预定了飞往北京的航班，急着跟中国的同行去交流。阿卡尼-哈米德迄今为止陆续访问了中国18次，推动建造一个尺度空前的、周长60英里①的环形粒子对撞机。它的全长大约是欧洲大型强子对撞机的四倍。中国学者们对电子对撞机的概念非常之兴奋。早在1973年，中国科学院高能物理研究所第一任所长张文裕上任伊始就提出，要建一台世界上最强大的质子加速器，这个项目曾一度上马，但因种种原因而被放弃，最终改为建一台能量较低的设备，就是现在的北京正负电子对撞机（BEPC）。如今，当时的梦想很快就要实现了。

---

① 1英里=1.609 4千米。

但也必须承认，这一项目推进的难度很大。加速器有很多种，但一般总有主导性的一台（比如LHC）推动整个领域的发展，对于地球上任何一个国家来说，这样的科研设备毫无疑问是极度奢侈的。早在1987年，美国的高能物理学家们就想要建造一台世界上最强大的质子对撞机，即SSC。这一项目的最初预算是30亿美元，后来迅速增至110亿美元。其天价成本在美国国会引起了普遍反对，该项目于1993年被迫终止。彼时，工程进度才完成20%，就已经花掉了20亿美元。

在这个信息无限透明的互联网时代，人们越来越严肃地对待对撞机建设项目。环保主义者、一些理论物理学家，甚至是公众，也越来越多地关注电子对撞机，尤其是这种大型强子对撞机。考虑到巨大的经济和资源成本，就算是行业内部的顶尖科学家也会对这一项目保持谨慎。杨振宁先生就曾多次表态反对中国建设超大对撞机，在他看来，这种超过200亿美元投入的超级项目，对中国的前沿科学发展的帮助并没有人们想象得那样大，反而还可能会挤压其他研究领域的经费。"The party is over"（盛宴已过），杨振宁对此评论道。

但LHC将于2035年彻底停止使用，在LHC之后，还有这么多至关重要的科学问题，是否需要投入巨资再造一台更庞大且更昂贵的"继任者"？对此，内森·塞伯格的回应是肯定的，他认为，历史告诉人们，在基础科学上的投资，一直是人类最有利可图的投资。基础科学的发展已为我们带来了惊人的科技进步，这些科技进步的回报远远超过了我们在基础科学上的投资，这种趋势是不会结束的。未来在基础科学上的投资，将会继续获得巨大的回报，我们应该敢于继续为基础科学投资。在当下，这个推动基础科学前沿发展的投资项目，正是大型对撞机。

目前来看，中国的圆形正负电子对撞机（CECPC）项目的工作进展还算顺利，来自9个国家57个研究所的300多位科学家已经于2015年3月完成了初步概念设计报告。中国和其他国家与地区之间既有合作，又有一定程度的竞争。在这样一个阶段，所有目标都是长远性的，人们的一切工作仅仅基于该方案的未来可行性，但是该方案在实施上确实有很大的挑战。欧洲和中国都同意，而且双方都想把这个大型强子对撞机建成。如今，技术设计阶段已经进入尾声了，下一步则需要进行更加详细的论证。欧洲的科学家们也在这一道路上不断前进，但以目前推进的速度来看，中国可能会比欧洲更快一点。"现在欧洲也在发力，但看起来中国可能更具有潜力完成。"阿卡尼–哈米德对此表示。

人们很难去预测一个超大型对撞机项目的推进时间线，因为这涉及地缘政治、经济等多个因素，但值得欣慰的是这个项目目前还没有被亮红灯，各地关于建设项目的讨论还如火如荼。关于强子对撞机的科学方面的论证进入了准备就绪的阶段，对于这样的项目，无论是中国还是欧洲，双方都倾向于向前推进。对此，弦理论的研究人员是乐观的。在内森·塞伯格看来，科学的进步正是依靠来自不同国家和地区的拥有不同技能的人相互合作而实现的。

对宇宙奥秘永不停息的追求——弦理论的未来

对于弦理论未来的发展，内森·塞伯格指出，关于时间和空间的很多疑惑以及探讨都是新兴的，这也是一个非常重要的发现。所有这些想法让人们发现了更多新问题，也引发了很多新思考。例如，在谈论物理的时候，人们会谈论一些基础的概念和理论，在谈论过程中所迸发出的新问题和新疑虑都是非常有价值的。如何去回答它们，如何去预测一个实验的结果会是怎么样的，都在很大程度上影响了未来的研究方向和可能性。虽然人们现在并不知道这些问题的答案是什么，但是可以相信，对于时空问题的解答，有一些基础性的理论是可以进行预测和思考的。现在，青年科学家也正致力于此，在往更深层的方向上去挖掘和探究。他们甚至在研究过程中也会出人意料地创造出一些新的成果，包括新的理论。这些都是物理领域全新的研究方向，具有极高的价值和重要性。当然，在研究过程中，科研人员也面临着很多挑战，其中一个就是找到适合自己的研究方法。研究方法的选择与调整对于现在的研究来说至关重要，找到合适的研究方法将引领研究人员更好地搭建理论框架，也将有助于后续的验证工作。内森·塞伯格激动地说："我们目前仍然在努力应对这些困难，探索的过程也让我们都非常兴奋。"

在施瓦茨看来，对于一个想法或者理论，如果谈到它的理论原则，我们观察到的信息可以证明人类作为生物体是存在的，则我们自己的存在就是自然的一个基本现象。那么，我们就有理由去推想在其他星系是不是也有这样的生命，这样的生命是否也真实存在。在研究理论的同时，我们也要注重扩大理论的适用边界，还要探讨这个理论到底能够扩展到什么程度以及如何进行扩展与延伸，这样才有助于我们更深入地了解自然和宇宙。以弦理论领域为例，早在1930年发现的量子力学已经是非常著名的理论，它本身已经相当完善。之后弦理论诞生了，在过去20～25年逐步发现，这个独立的新的理论与量子力学的界限越来越模糊了。像弦理论这样的新理论，在量子力学的早期理论架构里是完全没有考虑到的。因此，对于世界上各种各样的丰富现象以及新研究出来的理论，当我们深入探究后往往会发现，它们都是从一些早期的理论中延伸出来的。我们可以猜测所有宇宙间的理论都是从20世纪的一个研究角度不断延伸出去的，各种元素与物质之间的联系因为我们的研究而逐渐清晰化和系统化。因此，我们要做更多、更广泛的研究，从而扩大和完善这个大的架构和结构。

与此同时，未来的研究不仅应该关注理论本身，还应该留意数学等与理论相关的领域，注重不同理论之间的融合，更加广泛地做研究。物质与物质之间的联系有时候是隐藏起来的，需要我们去发现。以数学领域为例，数学和我们的生活以及大自然有着紧密而微妙的联系，我们在大多时候难以轻易发现这些联系。我们一度以为物理问题和数学问题之间看上去没有任何联系，但是当我们对它们进行更深入的研究的时候，比如同一个课题在物理领域做研究，同时也在数学领域做相关的必要性研究，你可能要借助于数学的计算，人们可能由此发现两者之间竟然有一些联系。弦理论是一个非常成功的案例，它架起了物理与数学的桥梁。很多非常著名的理论也是这样诞生的，数学与物理相结合的成果是新颖且非常卓越的。

阿卡尼-哈米德说，未来我们要不断地研究更深层次的数学问题，这个研究不应该终止，要不停地做这样的研究。把越来越多的量子信息、数学等研究结合在一起，我们的目标就是在物理和数学之间架起这样的桥梁。这样的想法在弦理论方面来说是一种代表，它是我们的一种强大指引，引导着我们进一步探索这个世界，推进我们的研究，我们不能给自己设限。同时，我们也应不断思考，这些想法的层次到底有多深？如何推进这些研究？如何构建智力系统？所有这些数学想法在某种形式上并不一定是跟物理完全分割开的，这是一个我们应当长期思考的问题。

当然，需要人们去关注的不仅是数学与物理的联结，科研人员应当更加广泛地做研究，融合不同领域的理论，构建起不同理论之间的桥梁，从而开拓出新的研究思路。不同理论之间的融合是非常重要的一个因素，作为研究人员，一方面要关注自己的研究领域，另一方面也要时刻关注人们身边正在发生的事情，以及相关的研究领域有什么样的新动向，这些往往都能促成新思路和新方向的诞生。同时，科学家也需要将社会科学还有化学等与人们生活息息相关的学科纳入思考的范畴。现在是一个非常令人激动的时代，我们拥有丰富的交流渠道，不同领域的科研人员可以互相了解彼此的研究发现，看看对方在面临着什么样的挑战，大家正在用什么样的工具。我们要采取这样的行动，来与其他科学家交流和互动，真正实现跨学科的发展。

对于探索宇宙的未来研究方向，施瓦茨也提出了一个新的视角，即我们不必拘泥于弦理论，而是可以更加广泛地开展研究，从而选出最好的解决方案。我们的目标是关注大自然，建立理论的模型，在此基础之上来继续进行深入研究。正如爱因斯坦所说的那样，上帝难以捉摸，但他并不心怀恶意。由于弦理论难以证实等限制，让相关研究难以开展，科学家对它的认可程度难以提升。这时候，我们应当从本质上去思考问题，即这个理论本身要描述的自然的本来面貌是什么，我们可以更开放地思考这个问题，从而发挥主观能动性以研究出多种可能的解决方案，进而分析出哪个解决方案是最好的、哪一个理论真正揭示了自然的本质，然后综合考虑可行性和发展潜力等因素，择优选出最佳理论。

阿卡尼-哈米德在与青年人分享时谈道，基础物理学可以上溯到古希腊人，牛顿、麦克斯韦、爱因斯坦等不世出的天才描绘出了世界图景，一代人传给另一代人。我们这代人的责任是将它推进下去，如果我们不做，这个传统就断了。世界上每个时期都有很多战争、经济危机，但这些并没有阻止基础物理学的前进，全球目前处在发展与和平的时期，世界各国可以团结起来实现很多目标。这是最好的推进时机，青年研究人员一定要积极热情地投入进来，此时停步是最糟糕的。青年研究人员要不停地付出努力，不仅仅要对理论做出更多推测，还要在推测之后进行实在的研究。如何不断地推进这一领域未来的发展，这也许是我们在21世纪要解决的最重要的问题之一。我们在解决这个问题的时候也要想想，下一个问题是什么，这对于青年科学家来说非常重要。阿卡尼–哈米德深情地说："现在，当我们的孩子仰望星空的时候，他们可以思考宇宙的时间与空间的问题，这是几千年前的孩子所无法思考的问题，因为那时候也不是一个来解答这些问题的良好时机。现在，这个良好的时机到了，我们就要一一解答这些问题。"

史蒂芬·霍金（Stephen Hawking）生前曾经说过，在下一个20年里，会有50%的概率发现"万物理论"。对于青年人来说，弦理论是一个完美的研究话题，他们对科学很感兴趣并且乐在其中，他们发现了问题，虽然人们尚且不知道问题的最终答案，但是这对于科学家来说仍然是一个机遇，甚至可能是一个伟大的机遇。

第5章

从"对症下药"到"精准改善"：
新概念与新医疗的无限未来

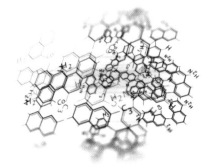

邹赜韬　编撰

2004年诺贝尔化学奖获得者阿龙·切哈诺沃（Aaron Ciechanover）：

"20世纪，医学已经实现了诸多变革——疫苗、抗体、成像、外科手术、器官移植等都是20世纪医疗革命的产物。现在，医疗革命指向的是个人医疗、个性化医疗以及精准医疗。"

中国科学院外籍院士、香港科学院院长、香港大学第14任校长徐立之：

"我们要把不同的科学家集合在一起。你永远不知道转化将来自哪里，我们要把我们的智力、大脑集合在一起，以此为转化医学的发展铺平道路。"

2013年诺贝尔生理学或医学奖获得者托马斯·苏德霍夫（Thomas Südhof）：

"对威胁很大又非常严重的疾病，譬如阿尔茨海默病，很多人都容易轻信谣言，轻信兜售所谓'万灵药'者的欺骗话术。鉴于此，我们科学界亟须提出更好的流行病学、医疗分析证据，帮助那些不幸的患者分辨什么才是真正对身体有益的东西。"

面向未来的医学该具有哪些特征？全球顶尖科学家憧憬的"新医疗"又会是怎样一番模样？

作为人类医疗文明史上极为特殊的一年，2020年因全球新冠肺炎疫情而成为名副其实的"医疗热点年"。第三届世界顶尖科学家论坛勇立时代潮头，既安排了多场直面疫情冲击的"抗疫专题峰会"，也眺望远方，组织全球"最强大脑"各抒己见，畅谈"新医疗"的无限未来。

什么是"新医疗"？"新医疗"是一个不断刷新自我的概念。在第三届世界顶尖科学家论坛上，2004年诺贝尔化学奖获得者阿龙·切哈诺沃回顾了自己几十年行医、医学科研的生涯，大胆断言"自2000年人类基因组计划开始，人类已步入医疗革命的新阶段"——现今的"新医疗"大幕开启。他说："我年轻的时候就当过医生。那时候要治疗疾病，比方说有肿瘤需要通过手术切除，或者要通过化疗、放疗减小它的尺寸。我们不知道疾病的背景是怎样的，也不知道病人的基因组成。如今的'新医疗'是从2000年人类基因组计划开始的，距离现在已经过了很长时间。现在已经有了人类基因组图谱，可以对患者进行非常细致的健康档案扫描。比方说乳腺癌患者——女性的乳腺癌看起来是肿瘤，但是也有可能是雌激素受体的变异，还有一种情况，是三阴性乳腺癌。有好多种不同的情况，需要根据每一个患者的情况个性化地进行治疗。接下来，我们可以将个性化的治疗应用于药品研发。我们可以研究任何疾病，这是医疗革命的一个方面。"

人类社会发展至今，医疗从单纯的"治病"转向"塑人"。各学科层出不穷的新概念正助推"新医疗"迈上更高的台阶。"医疗，为了更好的人"这一使命，也激励着医疗变革由"对症下药"转向"精准改善"。对于"新医疗"如何"自新"，"新旧"之间有何差异与联系，以及"新医疗"怎样创造更好的福祉，第三届世界顶尖科学家论坛给出了一套"上海的""中国的""全人类的"解决方案。东海之滨，黄浦江畔，"新医疗"的智慧"核聚变"已然绽放出耀眼的光芒。

一点一滴提升医疗的"分辨率"

对于近几年的医疗界而言，所谓"新医疗"，最基本、最突出，也最具变革力的单元便是"精准医疗"。临床医生要在"末端"实现"精准医疗"，先要医学家、生理学家在医学创新的"起点"提高医疗认知的"分辨率"。对此，参与第三届世界顶尖科学家论坛的专家学者们颇有感触、满怀期待。

提升医疗"分辨率"，可以是"让病例大数据讲出病患的真实需求"。牛津大学执行校长、纳菲尔德基础医学科学系主任理查德·霍布斯（Richard Hobbs）教授对"精密数字医学"引领下的"通盘健康管理"寄予了厚望。他说："数字医疗有助于药物研发，目前大多数药物研发是以人口平均情况为标准的。但我们知道，出现并发症这种合并症的病人越来越多。以苏格兰为例，根据患者的常规电子健康记录显示，只有47.5%的糖尿病患者患有糖尿病这种单一疾病。实际上，年龄超过65岁的患者，平均每10人中会有6.5人长期罹患伴随糖尿病出现的合并症。因而，更好地利用数据来指导药物研发、研究潜在差异性，对不同人群而言是非常重要的。"

提升医疗"分辨率"，也可以是"借助分析DNA来准确判断谁该用什么药"。2004年诺贝尔化学奖得主、中国科学院外籍院士阿龙·切哈诺沃对"个性化医疗革命"满怀期待，阿龙教授指出："个性化医疗革命不仅需要具备个性化的特点，还应该具有预测性、预防性和参与性。上述一切特性又主要基于我们的遗传物质——DNA，每个人的DNA都具有独特性。当身患疾病时，尽管病人可能以为自己的病与其他人的病相似，但事实并非这样——每个人的情况都不一样。"

"我们选取两位乳腺癌女性患者的活检组织标本，用雌激素受体抗体对活检组织进行染色，结果发现：志愿者女性B的标本可以看到明显的染色现象，而志愿者女性A的标本则没有发生什么改变。这说明志愿者女性B的雌激素受体发生了突变，因此她的乳腺癌可以通过服用他莫昔芬来进行治疗；志愿者女性A还存在其他问题（可能是孕激素受体问题，也可能是表皮生长因子受体问题），所以不能用他莫昔芬，他莫昔芬对她无效。A女士的乳腺癌可能还会继续发展，直至其不幸去世。由此我们可以看到：这两名女性都患有乳腺癌，她们的乳房里面都长着肿瘤，但是同一种肿瘤背后的生成原因是不同的，因此需要采用不同的治疗方法。"

阿龙·切哈诺沃的工作与单分子酶学创始人、中国科学院外籍院士谢晓亮正在推进的工程异曲同工。由于人类基因组实际上是一种三维结构，因此借助不同颜色的荧光造影可以对人类基因的三维结构进行更深入的分析。早在2003年，人类基因组项目成果已完成对人类基因的线性建模。现在，谢晓亮和他的同事们已经通过单分子基因测序，清楚认识了人类基因在三维空间里的折叠过程。谢晓亮指出，他带领团队完成的人类基因三维结构测定，不只是人类微观医学认知的"关键一步"，而且"对于生物学的根本认识、对于疾病的根本认识都特别重要"。

提升医疗"分辨率"，还可以由纳米机器人这一"医工结合"的突破性成果创造新的可能。瑞士苏黎世联邦理工学院健康科学与技术系教授西蒙妮·舒尔勒（Simone Scherrer）在医疗用纳米机器人研究界享有盛誉。在第三届世界顶尖科学家论坛上，西蒙妮介绍了其最新研究成果与长远计划。目前，西蒙妮团队研制的纳米传感器已可以让医生们清楚看到肝脏中癌细胞的相关活动；同时，该款纳米传感器也可以直接在人体内通过传导系统向外界汇报癌细胞扩散情况——在一例直肠癌患者的检查过程中，西蒙妮团队的纳米传感器成功实现癌细胞的蛋白酶活性检测，从而极大提高了特定种类癌症的检测效率、精准度。在未来一段时间里，西蒙妮有意进一步完善磁控材料——不仅可以通过磁场对其进行二维控制，还有望有效实现三个维度的控制。如能顺利实现，新款磁控材料可以帮助特定化疗药物准确把握方向，迅速找到作用靶点，并将全部药力直接作用在靶点上。西蒙妮期望她的发明能让整个化疗过程加速。与此同时，西蒙妮认为她的发明可以帮助一些小型肿瘤的化疗药剂"在组织当中有针对性地增加24倍浓度"——既不损害其他部分肌体，又能快速、全面地杀灭或抑制癌细胞。

谢晓亮并非唯一期待"疾病根本认识"者，许多同道对一点一滴提升医疗的"分辨率"所能开创的医疗新局面都无比向往。2013年诺贝尔生理学或医学奖获得者、美国加州大学伯克利分校分子和细胞生物学系教授兰迪·谢克曼（Randy Schekman）期望在未来一段时间内，脑科学家们可以有机会对特定疾病相关的分子位点做追踪或示踪，以实现对人体内特别是脑内疾病本体的细致分析。同样，兰迪·谢克曼也指出，专注于帕金森病研究的脑科学家们一定都期待通过发展示踪技术，更好地了解药物代谢和作用的机理，从而为精准改善帕金森病患者用药效果提供确切的参考。

美国著名结构生物学家、挪威科学与文学院外籍院士雷蒙德·斯蒂文斯，对超高分辨率核磁共振技术可能开创的"分子视觉新纪元"很是期待。他说："希望我们能够借助原子级别的核磁共振达到超高分辨率，去更仔细地观察单分子，乃至清晰地看到单原子精度的影像。我特别希望核磁共振能获得超高分辨率技术支持，首先是单分子，最终有可能达到亚原子级别的超级精度。"

一点一滴提升医疗的"分辨率"，正在由一个高度概念化的"名词"逐渐变为医学科研总方向上的重要"动词"。相信在不远的将来，我们今日所畅想的"医疗高分辨率"终究会梦想成真，而实现了"医疗高分辨率"的"新医疗"，也将彻底改写我们对健康的理解和定位。

当"电脑"榫接人脑——智能医疗的"道"与"器"

细数近些年来的科技热点，似乎很难有其他任何一个领域能与人工智能分庭抗礼。在"医工融合"成为医疗发展基本方向的当前，"电脑"榫接人脑的智能医疗正渐渐成为热点。在第三届世界顶尖科学家论坛上，智能医疗的"道"与"器"成为关注度极高的焦点话题。

理查德·霍布斯十分看好"数码医疗对医疗健康事业的潜在贡献"，他对"数码医疗"的基础与前景做了一番独具匠心的解说："目前越来越多的病历数字化，医疗系统存储了更多的数字格式的患者信息，这些内容可以极大地贡献于数码医疗。我们将来可以越来越多地使用人群统计数据，通过多变量分析实现对大量患者病历的高质量研究。说到人工智能解读医疗影像数据，倒不是说人工智能一定可以比人类专家做得更好，其真正优势是不需要对专业读片的人员进行长期培训。人工智能可以更加廉价、更加快速地实现充分的诊断训练，由此极大降低病理研判成本。"

雷蒙德·斯蒂文斯敏锐察觉到细胞基因图谱研究繁荣之下的"算力短板"危机，他呼吁学界加大对分子生物计算芯片的关注。他说："我们已经了解了细胞的基因图谱，但仍需要很大算力对之进行充分运算，这样才能在未来不断取得进展。现在，算力是我们这个学科发展的一大瓶颈，但情况也在改变，目前有一些芯片可以达到更快的计算速度，甚至芯片研发者已经顺利开发出专门用于分子生物计算的芯片。近年来，至少有40家专注于分子生物学深度学习的芯片公司成立，还有很多工程师也正在从事相关软件、算法的开发。数据汇总和集成的重要性在今天不言而喻，这也是转化医学进入新时代的重要表现。"

2016年诺贝尔化学奖得主、分子机器的主要设计和合成者伯纳德·费林加在接受媒体采访时，畅想了分子机器的医疗应用前景。他说："医生可能会把微型机器人注入血管，这些机器人可以用于寻找癌细胞或运送药物。"事实上，费林加所想的绝非"天方夜谭"：英国曼彻斯特大学已于2017年成功研制出世界上首个"分子机器人"，其尺寸仅为百万分之一毫米，能够通过接受编程指令来完成组装分子等基本任务。费林加对医疗领域的"分子机器人"的应用持乐观态度，他表示："遗传学和功能基因组学的最新进展已经揭示出分子机器将大有可为，它将填补不少目前医疗技术水平无法填补的空白。例如，在一些罕见的遗传疾病中，人体自身的点突变会导致功能改变或缺陷出现。针对此情形，分子机器或可对其进行有效治疗。"

新加坡国立大学生物医学系姚臣华副教授长期致力于柔性机器人的开发及其医疗应用，他认为柔性机器人"其实可以来做一些抓取食物的动作，对一些非常柔软、微小的东西也可以灵活抓取"。姚臣华团队近期还开发了一种软机器人手套，它能支持"全手运动"——这种软机器人手套可以应用于支持性的运动康复训练，甚至可以在没有其他医疗环境要素的家庭生活中使用。姚臣华简单概括了软机器人手套的构造、工作原理：控制系统在其中可以对患者手部加以一定控制，而跟脑神经结合的中枢可以直接通过人类大脑来进行控制，中间信号传导则由特制传感器完成。目前，姚臣华团队已经开始试验将软机器人手套等柔性机器人装备应用于神经外科治疗。在参与试验的志愿者中，有一位中风长达三年、手部完全僵硬、丧失活动能力的病人，在戴上软机器人手套后竟然实现了手部自主活动。姚臣华指出，由于设计材料特殊，患者"无论是在接受核磁共振或者说其他一些治疗时，都可以安心使用这个软机器人手套，从而灵活地抓取物体"。

同样来自新加坡国立大学的郑志强博士在另一场分论坛上介绍了其所属团队在开发"机器人皮肤"方面的长足进展。郑志强表示，所谓"机器人皮肤"其实是一种基于神经功能开发的"类皮肤"的新材料。作为一项具有变革意义的节点性技术，"机器人皮肤"将直接有益于脑机融合体系向更高层级迈进。郑志强在演讲中谈道："假若某种类型的材料比较软，你把它按下去形成凹陷，需要很长时间才能恢复，这就会对机器运作产生影响。针对这种情况，我们开发了一种材料混合技术，把较软的材料与较硬的材料结合起来，很好地规避了柔性材料的弊端。经过实验，我们合成的新材料可以维持极高的灵敏度，电特性表示的阻力变化颇为清晰。从材料的角度来看，这一发明让我们感到非常振奋。未来，我们能够打造出其他'类皮肤'材料，这些材料会具有皮肤属性（有恢复力），能够指导我们进一步开发出具备更高水准的器件。"

智利天主教大学工程学院副教授丹尼尔·赫塔多（Daniel Hertado）是一位近年活跃于"模拟器官"研究界的新生代科学家。在此次世界顶尖科学家论坛上，赫塔多报告了自己对"手术模拟系统"的研究心得："这是在模拟环境中做的手术，而不是在真人身上做手术。因此，它可以帮助我们通过无界限的尝试找到最有效的手术方式。当然，这样一种方式可能是模拟的结果，但进行模拟可以帮助我们避免很多手术中的错误操作和结果。"目前，赫塔多与他的同事们正在积极筹划开发人体各脏器精准模型，旨在准确模拟人体环境，以利于药物研发和手术准备。他说："我们对各种心脏做了模拟，包括健康的心脏、患有心脏病的心脏等。同时，也把各种心血管疾病对于心脏的影响做了非常直观的展示。比方说，我们可以通过向模拟心脏给药，观察相关药物对心脏疾病有什么影响。此外，我们还尝试做了心律失常的模拟评估，对心衰的心脏进行了建模。在科普方面，我们也希望通过模拟心脏更好地帮助心脏病患者全面地认识他们所患的疾病。"

英国约克大学电子工程系医疗机器人学讲席教授谢锡安是"计算机手术图像治疗方案和导管治疗方案"领域的权威，对于人工智能、虚拟现实技术支撑起的"AI医生""手术机器人"等应用前景，他满怀希望。他介绍说："人工智能可以训练机器人系统，让它们获得更娴熟的手术技巧。人工智能也可以培训我们的机器人去完成特定任务——进行快速成像、病理分析，指导医生完成治疗工作。人工智能的导航和成像速度远快于人脑。

我们现在能够利用人工智能在术前分析肿瘤，真正清晰地把握肿瘤的大小、所处发展阶段，在此基础上使医生可以从容地进行手术。目前人工智能已能够分析和诊断肿瘤是良性的还是恶性的以及肿瘤的边界。这些探测还可以与虚拟现实（VR）技术结合，从而方便手术设计。我们意识到：这种新技术可以帮助医生，尤其是低年资医生改良手术方案设计。增强现实技术与人工智能系统相结合，还可以帮助医生规避在手术当中可能会伤害到的一些血管、神经，提高手术安全性。预计到2024年，手术机器人的市场规模将颇为可观，成像技术和人工智能的多维应用将会深刻改变外科手术的进程。"

无论应用表现形式如何，人工智能及其相关联的医疗机器人和脑机结合技术已然完成了对现代医疗的"再启蒙"。当今医学教育、医疗执业以及医患关系都是"高度专业化"的，个体医生、病人越来越难以"通晓全局""运筹帷幄"，人工智能技术可以让"高度专业化"的医疗精益求精，又使其"纵横捭阖"，我们确已站在智能医疗的"历史风口"。

沟壑与桥梁——通向"高科技水平医疗"

"高科技"是否就意味着高水平医疗"从天而降"？显然，即便排除社会经济等要素的影响，世界对这个问题的回答也必然是否定的。围绕通向"高科技水平医疗"的"沟壑与桥梁"，出席第三届世界顶尖科学家论坛的智者们纷纷表达了自己的观点。

我们必须清醒地看到：对医疗界而言，当今"高科技"的"高"更多是"相对于之前水准的'高'"，而不是绝对数量方面的"高"。

德国柏林洪堡大学神经科学教授、2020年度邵逸夫奖获得者彼得·黑格曼（Peter Hegemann）肯定了"动作定位工具"的功绩——它使科学家们在微分子层面上认知疾病的"精准度由1%提升到了50%"。然而，彼得·黑格曼也给"沾沾自喜"的科学家们"泼了瓢冷水"。他说："这当然还不够，起码在现在看来是不够的。因此，我们接下来要做的仍然是进一步改进这种技术，使这种报告机制更加精准。不管你是从哪个层面来介入，对于个体细胞来说，目前的技术水准已经足够好了。但是，对于全脑的性能而言，我们必须更多地利用这种光电技术，使它具有足够的敏感性和细致性，从而帮助我们更多地了解全脑是如何运作的。"

同样，在被问及"能否对人的意图进行测量或者进行预测"时，英国华威大学工学院生物医学工程副教授伦德罗·佩奇亚（Leandro Pecchia）略加思索，旋即给出了如下答案："人的意图有的时候可能并不像我们想象的那样是线性的，我想对这些非线性的东西来做相关的预测是很困难的，因为这种因果关系有时候很难界定。我觉得这个问题更多的是哲学上的一个问题，是形而上的问题，而不是技术问题。"

牛津大学副校长查斯·邦德拉（Chas Bondera）教授的警示更为鞭辟入里。他认为，虽然目前创新药的应用已取得不错成绩，但是由于部分药物的作用机制尚待"解谜"，我们尚不能称创新药的状况为"发达"。他说："有部分药物之前我们已经知道它们有效，但是我们并不清楚那些药物的作用机制。比如说，现在全球约一亿人在服用某款抗抑郁药物，然而我们药学家甚至根本不明白它的作用机制究竟是什么。试问，若我们无法理解此项机制的话，我们怎么去深入研究创新药呢？因此，我们对于疾病、药物的研究还远远不够透彻。"

2013年诺贝尔生理学或医学奖获得者、《美国科学院院报》（PNAS）前主编兰迪·谢克曼在论坛上审慎地评价了目前脑科学界应对阿尔茨海默病的能力。他说："在寻找阿尔茨海默病合适的靶点方面，全球已经投入了许多资金，但是目前无一成功。科学家们很想尝试控制Tau蛋白复合体，我们知道淀粉样蛋白是阿尔茨海默病特别是晚期阿尔茨海默病一个非常显著的病理特点。现在我们能够对大脑中的淀粉样蛋白进行相关追踪，但这仅仅是在我们看见的层面上。虽然我们可能把淀粉样蛋白搞清楚了，但阿尔茨海默病患者的认知功能并没有办法得到恢复。我承认淀粉样蛋白和阿尔茨海默病的病理学是息息相关的，但认识它只是在攻克阿尔茨海默病的路上迈出了一步。"

2006年盖尔德纳国际奖获得者、耶鲁大学细胞生物学教授托马斯·波拉德（Thomas Pollard）在对分子结构研究的"显微"进步感到自豪的同时，也谨慎地看到该领域尚且存在亟须填补的空白。他说："现在对于分子结构的研究进展的确已经很好了，但从另外一方面看，从显微镜角度评判，我们离可以做到纳米级别的观察仍有差距，目前我们对20纳米及以下的物质就做不到有效观察了。我希望这个领域在接下来的科学进步中也能有所发展。"

我们也应当明白：医疗的对象是人，而人不只是技术可以疗愈的身体，还有基于和高于身体的体验、文化——这些未必是"高科技"长臂所能及的。美国纽约大学萨克莱生物医学科学研究所埃蒙德·张博士长期研究人类嗅觉的生物化学原理，但他在研究中无数次深切地感到"什么好闻、什么不好闻很难归类"，毕竟嗅觉不只是生物信号问题，它还与饮食传统、审美文化有关。张博士对此举例说明："比如说瑞士的芝士，有人喜欢这种气味。又如榴梿，东南亚国家的人觉得它很好闻，但是西方人往往觉得榴梿太难闻了，他们非常讨厌那种味道。"张博士还介绍了嗅觉可塑性带来的"商业潜能"，他说："商业化的公司希望用嗅觉、味道，让大家把味道和产品连在一起。可能你自己没意识到，耐克专门研发了中性气味，每次去耐克的门店你都会闻到这种气味，它会让你感觉在此购物特别愉快。"因此，张博士希望在未来的研究中把"科技的生物化学分析"与"文化的嗅觉体认感触"结合考量，回归"人"本身研究人类嗅觉。

那么，我们该如何创造让"高科技水平医疗"不断前进的有益条件，而不是仅仅为技术应用的一丝一毫进步而过分"沾沾自喜"呢？在第三届世界顶尖科学家论坛上，也有专家对此给出了独到见解。

首先，医疗科技创新应当注重从医学发展的积累里汲取经验，毕竟医学是"人学""过程学"，许多情况只能由历史提供，无法在实验室里全盘模拟。有专家就此指出：在许多情况下，新药研发、新医疗技术创造并非"横空出世"，意在攻克医疗方面"高科技"难关的科学家们也可以，甚至应当积极汲取前人在医学史长河里积淀的无穷智慧。1991年诺贝尔生理学或医学奖获得者、德国哥廷根大学教授和马克斯·普朗克学会生物物理化学研究所所长厄温·内尔（Erwin Neher）对此有所体会。他以"中医药启迪"为案例谈道："某些最显著的分子修饰通道，包括一些阻滞通道，最初往往源自食材。尼古丁以及某些受体激动剂等案例均是如此，所以这些分子通道的发现很多是源自植物的。考虑到这一点，中国是非常重要的'药物创新灵感国'——中国传统的中医药可以发挥重要作用，它过去有数千年经验积累，相应地，也就积攒了大量化合物的'可能性'。对于我们生物医学研究人员来说，这是很好的研究素材。我们完全可以更好地提取中国传统医药里的活性物质，以离子通道为靶点，借鉴中医药历史积淀开发新药物一定可以大有所为。我期望大家在未来能够尝试结合中国传统中医药来进行'旧药新造'的有益研究。"

其次，要摆正"人脑"与"电脑"（人工智能）的相对关系，"电脑"的应用意不在取代医生，而是要协助医生。对于人工智能在新医疗决策里的作用，卡内基-梅隆大学教授、京都奖获得者金出武雄（Takeo Kanade）创造性地提出"$N+1$模式"的观点。金出武雄提出的"$N+1$模式"认为有N个人结合在一起相互讨论某一医疗问题，当参与讨论者中的多数觉得"这个想法不错"时，我们可以再加入另一位"参与者"——人工智能，以此极大地丰富临床决策的讨论话语，形成更具思辨性的诊疗方案。关于"$N+1$模式"，金出武雄认为，当前最重要的步骤还是不断靠近"理解人类思维"这一目标。

最后，或许也是最关键的，无论医疗科技怎么"高"，我们都应当理性地看到：在医学基础研究领域我们仍面临诸多"卡脖子"的障碍，基础医学研究的"解谜"工作不但没有过时，反而越加重要。2006年诺贝尔化学奖得主、世界顶尖科学家协会主席罗杰·科恩伯格在其名为"基础科学：人类进步的希望"的演讲里，举出了20世纪医学史的案例，说明"医学创新不一定源自功利应用研究"这一真相："20世纪医学的重大进步是什么？用于诊断和治疗的X光、很大程度根除细菌性疾病的抗生素、用于早期发现癌症的非侵入性成像等，这些医学进步背后有一个共同点：一开始并未带着任何应用目的。"

在通往"高科技水平医疗"的路途上，科学家们为全人类而战。即便科学家们千辛万苦换来的只是点滴的进步，但至少我们在朝着"美好医疗"的光明道路上持续前进。这些点点滴滴的进步终将汇聚为"人类健康的新蓝海"。

一切的一切还是为了更幸福的人

医疗的起点是人，对象是人，终极目的还是回归到"服务于人"。无论科技怎么进步、医疗系统如何发达，医疗的一切还是为了更幸福的人。在第三届世界顶尖科学家论坛上，科学"大咖"们不仅心系"治病"，也怀着"救人"的本真善良，展望"新医疗如何造福人类"。

牛津大学副校长查斯·邦德拉在第三届世界顶尖科学家论坛的"科学前沿与颠覆性技术论坛"上，向全球听众抛出了一组"惊人"数据："据统计，我们这一生中，有一半的可能性会患上癌症或阿尔茨海默病"，邦德拉教授为此振臂呼吁："我们迫切需要更加新颖、有效、实惠的药物，我们的科学创新始终在路上！"

与查斯·邦德拉相呼应，听罢同行们针对脑机界面研究的精彩纷呈的演讲后，"脑起搏器"之父、2014年拉斯克临床医学研究奖得主阿里姆·路易斯·本纳比（Alim Louis Benabid）语重心长地叮嘱年青一代的脑机界面研究人员："这种科学探索最后一定要回到病人。我总是在讲病人，因为我们在这个脑机界面研究领域所做的工作，最后还是回归至'病人导向'与'病人驱动'——这才是我们最主要的目标。因此，我们永远要记得，不管使用什么样的方法，脑机界面到最后只是一个中间步骤，我们的终极目标还是快速、高效地帮助我们的病人，使医疗技术发展惠及病人。"

阿里姆还举出自己亲身经历的一次医疗实践来鼓励同行们，关注病人并以"抚慰病人、改善病情"为根本目标来开展神经医疗工作："我曾在上海与中国的同事们联合诊治一位患有肌张力障碍的病人。在我们将病人大脑接入电极、对神经施加高频刺激后，他的四肢竟然能够活动自如，并慢慢地可以自己骑自行车了。对我来说，这是一件非常激动人心的事情——你可以看到这个病人的状况得到了这么大的改善，这种疗法对病人带来的益处是不言而喻的。"

中国科学院外籍院士、香港科学院院长徐立之对"小分子治疗替代阿片类药物"抱有期待。他认为，"虽然阿片类药物是一种很好的止痛剂，但是阿片类药物会使人上瘾，也会造成一些胃肠道问题"。为此，徐立之期望"能有一个神奇的阿片类药物替代物——譬如使用小分子治疗身体系统。如此一来，既起到了止痛效果，也不会让人染上药瘾了"。

2020年10月30日，在接受中国媒体采访时，著名结构生物学家雷蒙德·斯蒂文斯表示："希望未来能够开展全球范围内的信息集成项目，让所有人都有权限能够获得最快、最全的信息。"他很期待这方面的进步能"有助于个性化医疗、细胞基因疗法、生物药品在全球范围内的应用，让转化医疗的科技进步惠及更多人群"。对于"公平普惠的转化医疗"，雷蒙德·斯蒂文斯也擘画了科研发展蓝图："应从心血管、肺和代谢疾病等方面来攻关与更多人群健康相关的命题，努力使诊断变得更方便、治疗费用变得更便宜，普通人更容易获得医疗资源——这应该是全球生物医药界的努力方向。"

针对目前阿尔茨海默病治疗领域的"药重于健康管理"现象，中国科学院院士、暨南大学粤港澳中枢神经再生研究院院长苏国辉教授提醒科学家和普通民众多去"关注运动对我们健康的重要性"，他谈道："世界卫生组织（WHO）好多年前已经说过，很多慢性病、癌症、神经退行性疾病、心血管病的发生，都是因为运动量不够。我们的肌肉不单单是一个运动器官，还是一个非常重要的内分泌器官。运动以后分泌出来的几十种物质，对脑健康、肝健康、心血管的健康都起到了非常重要的作用。美国《柳叶刀》杂志发表了一篇很重要的文章，帮助120万人意识到做运动和不做运动的精神健康状况是完全不一样的。做什么运动都可以，像跑步、走路、打球，运动以后自己的肌肉就会分泌出运动因子，肥胖细胞和身体其他器官也会分泌出运动因子。"

医药行业代表、诺华制药全球CEO万思瀚（Vasant Narasimhan）指出：近年来，转化医学研究已成为医学相关领域的国际重点。他对转化医学的前景坚信不疑，并希望转化医学既能开辟医学发展"新篇章"，更能真正将医学科研创新融入疗法改良，从而服务更多患者。他说："我们相信，点滴式的创新和突破式的创新都在持续改变整个医疗领域和人类社会，科学家们一定会发现更有效的疗法，满足患者和社会的需求。"

在医疗行为的萌发期，人类学会了"对症下药"。现在，在对我们而言的"新医疗"萌发期，人工智能、细胞生物学、脑科学等正在把我们引向"精准改善"的崭新前路——新概念正刺激着"新医疗"开创人类健康福祉的无限未来。面朝"新医疗"的黎明，全球顶尖科学家们已然"闻鸡起舞"。相信深谙"医疗之道"兼具多重"医疗之器"的科学家们，一定会为全人类开启医疗新纪元，那是一个会永远被医学史镌铭的新纪元。

第6章

从人造机器人走向"再造人"机器人

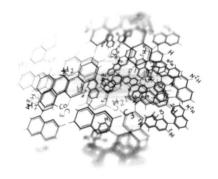

陈辉　编撰

2014年诺贝尔生理学或医学奖得主爱德华·莫泽（Edvand Moser）：

"也许有一天，我们能够研究每一个神经元，但是现在还做不到。我们需要有相应的工具才能做这些研究。至于50年之后会有什么情况，我不敢说，连明年、后年会怎么样，我都不敢说。有很多事在发生，将来才能再看我们能不能真正'读'出我们的认知活动。"

美国国家工程院院士、京都奖获得者金出武雄：

"可能很多人不相信，但我有一个非常坚定的信念。我坚信AI可以做到比人类更加聪明，但是有很多人不相信这一点。无论人有多么聪明，他在纯脑力方面都是没有办法胜过机器的。"

1994年图灵奖得主拉吉·雷迪（Raj Reddy）：

"我们需要更有能力的机器人，而不是取代人类的机器。很多人说，我们要造一个可以代替人的人工智能机器，但我觉得机器不应该去取代人。科学家仍然应该专注自己擅长的领域，并尝试进行突破，仍有许多领域还有很多空间可以为人类创造福祉。不过，在未来，把许多领域的应用再集成，也是值得研究的问题。"

1995年图灵奖得主曼纽尔·布鲁姆（Manuel Blum）：

"意识能够让人有能力和灵活性，它也可以让我们的计算机和机器人有非常强大的能力和灵活性。"

1974年，一位英国科幻剧作家猜想，未来生产一个"再造人"需要370万英镑（约合人民币3 184万元）。如今，随着仿生学、AI、3D打印技术、克隆技术、神经成像技术、纳米机器人技术等科技的发展，可能只要15万英镑（约合人民币129万元）就能生产出一个"再造人"。

美国科学家保罗·布朗（Paul Brown）是朊病毒疾病方面的专家。2006年，他在《英国医学杂志》上联合多位医学专家提出人体构造的新见解——如果上帝重新造人，人体的一些部位可以造得更好。比如，膝盖、骨盆会变得更强壮，以适应直立行走；手指变得更细，将有利于操作电子设备；心脑血管系统可以更适应高脂肪和高胆固醇食物……此外，人可以拥有两个心脏、两副肝脏，这将大大减少猝死的风险。

这个"狂想计划"还包括：

如果每只手有6个手指头，人类会迅速适应12进制，而放弃10进制；

女性一生只生成几颗卵子即可，从而大大减少月经等带来的困扰；

呼吸道与食道分开，人就不会再噎死；

…………

换言之，在科学家们看来，进化是一个不合格的工程师，我们完全可以用技术的力量，修改其中的错误。

在当时，这些念头多少显得有点疯狂，可在今天，似已不再遥远：人造皮肤已能改变人的触觉，脑机接口技术则足以篡改记忆、偏好，自动驾驶技术正在超越人类的反应能力，AI更是一次次在单项任务中打败了人脑。

人类正加速走向"再造人"。也许在不久的将来，如果你的脑部不植入芯片，体内不加装纳米机器人，你就很难适应职场的挑战，而且会饱受各种病痛袭扰。高血压、糖尿病等将不再可怕，人类甚至将不再需要呼吸，自有纳米机器人替代血红蛋白输送氧与代谢废物，呼吸将完全变成个人爱好。

由此带来的问题是，当人成为"再造人"，是否会突破伦理底线？对此，在第三届世界顶尖科学家论坛期间，2000年图灵奖得主姚期智和1994年图灵奖得主拉吉·雷迪甚至还产生了争论。

人造器官时代即将到来

据不完全统计，全球每年大概有200万人需要器官移植，但2016年的统计数字显示，当年实施器官移植手术仅135 860例，手术量不足实际需要量的7%。除了进一步鼓励器官捐献行为外，通过基因技术，用猪培养人的器官，也是科学研究的热点，但猪的基因中有62个不良基因，会导致有害病毒的产生。运用最新的基因技术，科学家已能将这62个基因关掉。但在猪体内培育器官与改良基因选择这两种技术还未实现结合。与此同时，人造器官的研究也在迅速推进中。

英国伦敦帝国理工学院材料系博士后欧阳礼亮表示："3D生物打印技术脱颖而出，因为它有很好的能力操纵细胞，而且能够相对比较自由地进行组合。这些生物分子通常有比较特殊的构造，能够模拟细胞的环境。但生物材料比较软，机械性能比较弱，很难把它用于3D打印。因此，我直接用生物油墨打印，生物油墨的黏度要特别合适才行，这样才能保持形状。"

大多数生物材料黏度非常低，或者太高，这都会产生问题。欧阳礼亮采用原位互联，而非打印针，这样就能确保在结构中用非黏性生物油墨进行打印，确保准确率达到90%以上。

欧阳礼亮说："此外，我们通过替补性的网状结构，确保把生物油墨库变得更加丰富。通过这样的方法，我们可以使用越来越多的、不同的、标准化的生物油墨，所以大家可以看一下，它的刚度不同，从几帕斯卡（压强单位）到几千帕斯卡，都可以做出来。"

3D生物打印技术需满足三个条件：种子细胞、可降解的生物材料、模拟人体内的培养环境。

就种子细胞而言，目前除胚胎干细胞以外，诱导多能干细胞（iPS细胞）可能也将成为广泛用于组织器官再生的种子细胞。这需要使用逆转录酶病毒"改造"体细胞，可能使基因产生变异，引发肿瘤等副作用。科学家正在尝试用小分子化合物诱导体细胞重编程为多潜能干细胞，避免复杂的基因操作。不过，它的安全性等问题仍在研究中。

"指挥"种子细胞形成人体器官同样是构成"融合3D生物打印和干细胞技术"的重要障碍。目前，3D生物打印技术已可以打印出任何形状的组织，但距离重新制造出人体正常的器官还有很长的一段路。

如今，3D生物打印技术还可制作出肺泡并实现类似呼吸的功能。美国国家科学基金会曾预测，到2019年人类将能打印功能组织，这果然如期实现了。根据该项预测，到2024年，人类将实现器官打印，器官移植的费用将大大降低，让大众可以承担。

不过，器官是由各种功能性细胞和组织组成的，多能干细胞需向特定功能细胞类型分化，目前效率比较低，打印器官的轮廓与外形不难，打印器官的功能却并非易事。

不过，一旦实现廉价的人工器官移植，人类的寿命可望大大延长。一旦原有器官衰老，只需换上人造器官，人就可以继续生存。美国一些科学家研究认为，人类大脑至少可以存活200年。这意味着，未来人的寿命将达到200岁。

在未来，人脑将与AI联手

"我们实验室一直在做研究，已经研究了20年了，所以发现了网格细胞。网格细胞是我们大脑的定位系统，我们正慢慢开始理解其作用——我们有了大脑的导航系统，我们开始思考神经元在大脑中的活动：怎么帮我们找路，怎么让我们知道我们在什么位置，怎么让我们从A地到B地。"2014年诺贝尔生理学或医学奖得主、挪威科学家爱德华·莫泽说。

因发现网格细胞的作用，爱德华·莫泽与迈-布里特·莫泽（May-Britt Moser）同时获得诺贝尔奖。此前，研究人员对老鼠的认路能力感到吃惊，部分人类也具有不同一般的认路能力。研究人员认为，这与大脑中的海马体相关，而海马体负责记忆。

爱德华·莫泽与迈-布里特·莫泽通过研究发现，海马体的内嗅皮层中存在着一种网格细胞，它们组成了一个坐标系，允许生物进行精确定位和寻路。根据他们的研究，海马体中有一种六边形结构的细胞，即网格细胞。它能让大脑计算位置的准确距离。这样的计算系统非常精确，远高于位置细胞，研究人员把它比喻成大脑中的GPS。

该发现大大推动了人类对记忆的认识——当阿尔茨海默病等疾病发生时，内嗅皮层会显著萎缩，如果及时干预，病情可望得到控制。此外，这一发现为设计脑机接口创造了可能。在实验中，爱德华·莫泽发现通过扫描老鼠的网格细胞，可以判断它的下一步动作。

实验中，研究人员记录了老鼠400个网络细胞的数据，根据细胞活动水平，通过AI技术来猜测老鼠的行动走向。如果只看细胞变化，我们无法做出准确判断，因为老鼠的网格细胞做出的判断总是"一会儿往左，一会儿往右，来来回回，间隔在100毫秒"。

爱德华·莫泽认为："通过对于几百个甚至上千个细胞的这种活动的研究，然后通过机器学习来进行神经网络训练，就能够开发出模式识别的算法，来了解人类和动物导航能力背后的秘密。"

如今，通过对网格细胞的监测，人类已基本了解老鼠什么时候行动、朝着什么方向走等问题，而且能预测老鼠看到的环境状况。这意味着，科学家已在某些意义上能够读出老鼠的"思想"。

爱德华·莫泽表示："我们开始有了好的工具来监测成百上千个细胞的活动度，而且是同时监测，这是非常必要的，只有这样才能够理解神经网络以及更高级的脑功能是怎么出现的。这些脑功能是成千上万个神经元一起合作的，我们以前没研究工具，现在有了。比如我在研究中，通过这种新技术，可以同时监测上千个神经元的活性，看它们是怎么影响高级脑功能的。这是巨大的变革，这些变革正在发生，能够帮我们认识大脑。"

然而，爱德华·莫泽认为，要进入到下一步的认知层面，还需很长时间，因为"人脑的内皮层负责认知，现在离实现人机连接还要很久很久。人脑由800亿~1 000亿个神经元组成，每个神经元又接收着来自10 000多个其他细胞的信息。神经元非常小，而且各不相同，也就是说我们不知道哪些神经元在起作用。也许有一天我们能够研究每一个神经元，但是现在还做不到，我们需要有工具来研究它们"。

迈-布里特·莫泽也认为，网格细胞负责判断运动方向，属于相对简单的认知，涉及记忆等就更加复杂了。她说："我们目前还没有足够的传感器能够把某一个事件的记忆提取出来。"

"至于50年之后会有什么情况，我不敢说，连明年、后年会怎么样，我都不敢说。有很多事在发生，将来才能再看我们能不能真正'读'出我们的认知活动。"爱德华·莫泽说。

爱德华·莫泽认为，AI可以从人类复杂的神经网络中了解大脑的算法，从而形成人工神经网络，它将具有更高的可塑性。虽然AI不大可能替代人脑，但将来人脑将不得不与AI联手。

自主系统是机器入侵人类领地的第一步吗？

长期以来，人类拥有这样的执念：技术只能解决简单的问题，无法解决复杂的问题。在复杂的组织内，机器永远替代不了人。然而，AI的出现动摇了这个论断，自主系统开始侵蚀人类的领地。

所谓自主系统，是自动化的升级版。

传统意义上的自动化，是指"设备或系统在没有或较少人工参与的情况下，完成特定操作实现预期目标的过程"。换言之，自动化是一种在人的操控下提高工作效率的方式，它没有自主判断力，也不会独立行动。自主系统则具有一定的自我管理和自我引导能力，它不仅能完成更复杂的操作，而且能在未知的环境中自动调节。自主系统可以独立执行任务并辅助人类进行判断。

人与自动化的关系属于"强控制"。人与自主系统的关系可能走向"弱控制"，即人类只管控基本原则，不管控具体行为。

目前最受关注、最为人们熟知的自主系统是汽车自动驾驶。2007年图灵奖获得者约瑟夫·斯发基斯（Joseph Sifakis）已在此领域进行了多年研究，他表示："在复杂的组织内需要用计算机代替人类，特别是在一些复杂的机构，这些自主系统和博弈机器人、个人助理不一样，这样的智能系统是完全不同的。这些自主系统通常很关键，因为它们会代替人类。它们需要应对非常复杂的网络环境和物理环境，必须同时处理许多不同的目标，有时还要跟人类合作。"

据斯发基斯介绍，有两种不同的技术路径来构建自主系统：一种是基于模型的传统方法，这已经成功用于飞机系统以及一些生产系统，但由于自主系统的复杂性，后来人们发现这个方法不能满足需求。另一种方法为一些工业企业使用，它完全依赖于人工智能、机器学习技术，这些方法存在的问题是，它们提供不了人们需要的可信赖性保障。斯发基斯试着解释为何很难构造自动系统，尤其是汽车自动驾驶，特别是讨论一些研究路径，然后再得出一些结论。

"什么叫自主系统？一个自动系统由自主主体组成，一个自主主体是一个反应系统。你可以看到它与外部环境和内部环境交互、接受感知信息、发出指令。对这样的系统来说，了解环境的情况并做出决策非常重要。它们需要管理很多不同的目标，同时自主系统的一个重要特征是它们管理基于系统本身及外部环境的知识，而且自学习能力也是非常重要的。"斯发基斯说。

斯发基斯认为，距离自动驾驶真正做到独立上路还需要几十年的时间，目前它面临三大限制。

首先，相关基础设施有待加强，只有强化了相关基础设施以后才能帮助自动驾驶应对各种复杂的环境；

其次，自动驾驶涉及的车联网、物联网等网络技术还有许多安全问题需要解决；

再次，每个国家和地区的经济条件有所不同，因此会造成这项技术差异化发展。

斯发基斯表示："自动驾驶目前对环境认知有问题，能见度有限、天气不好也是障碍，外部环境也有不确定性，因为缺少可预测性，可能会有意想不到的事情发生。此外，自动驾驶的决策很复杂，需要处理很多不同的目标，这就涉及计算的复杂性，必须实时做出反应。但建立一个自主主体还是不够的，这个主体与汽车进行整合也很重要。这就引发了其他问题，我们称之为反应复杂性问题。"

最核心的问题是，AI目前的学习能力还无法与人脑相比，这就需要制造出可推理和解决问题的强人工智能。

强人工智能真的制造不出来吗?

所谓强人工智能,一般需具备六个方面的能力:

其一,在存在不确定因素时,进行推理、使用策略、解决问题、做出决策的能力;

其二,表示知识的能力,包括常识性知识的表示能力;

其三,规划能力;

其四,学习能力;

其五,使用自然语言进行交流沟通的能力;

其六,将上述能力整合起来,实现既定目标的能力。

目前的AI技术实际上使用的是20年前的发展框架,只在硬件计算力、数据量方面有所提升,该技术已碰到了"天花板"。如何从识别转向理解,从数据转向知识,是强人工智能必须突破的瓶颈。不少人认为,这可能是无法实现的。

京都奖获得者、美国国家工程院院士金出武雄认为:"可能很多人不相信我,但我有一个非常坚定的信念。我坚信AI可以做到比人类更加聪明,但是有很多人不相信这一点。无论人有多么聪明,他在纯脑力方面都是没有办法胜过机器的。但是AI得到广泛应用还需要很长的时间,还有很长的路要走。"

多年来,金出武雄一直研究计算机视觉和AI机器人视觉。他是最早研究人脸识别的科学家之一,他表示:"我研究自动驾驶已经很多年了。从20

世纪80年代开始，我就把小机器人安装到改装车上。1995年，我们做了一个测试，使用计算机视觉的方法由计算机驾驶汽车，从美国的西海岸行驶到东海岸，95%的行驶路段由计算机视觉来控制。经过这么多年的研究，在深度学习方面，AI的确出现了突破。"

金出武雄很喜欢一个案例：棒球手在接球并投出时，需要异常复杂的计算，其中包含很多物理学原理，球员可能根本不知道加速度、力等概念，但还是做出了正确选择。毕竟，不管球员做得多好，我们看到的都是他最后的那个动作，至于牛顿定律之类的知识，并不是通过自然语言来描述的，而是通过数学语言来描述的。

金出武雄认为："20世纪60年代，在计算机科学中领先的研究人员做了一些有关AI的非常重要的研究。但实际上，他们并没有发现人工智能发展最重要的潜力所在。"

换言之，今天我们很难想到超级人工智能未来会如何。

金出武雄认为，AI真正得到广泛应用尚需要几十年的时间，但AI与教育结合的前景十分广阔。他说："人类老师可以把更多的注意力放在他们作为人的角色上，提供教育中人性化的部分。同时，我们也需要更好地去了解其他的AI系统。计算机教育中间可以改一些参数，去衡量学生的表现，帮助学生在学习和认知过程中提升，教学生用一个正确的方式进行思考。"

金出武雄不同意AI将取代人类的设想，因为离开人类，AI将无法充分释放其潜能。他说："我相信仅仅依赖机器的性能是无法释放AI的潜能的。如果我们想要实现这种潜能的话，AI需要更进一步地满足人的需要。同时，它也需要把我们人类智能的放大和增强做得更好。"

脑机接口也可以用光

"从本质上说，如果你有一个完整的大脑接口，所有编码在你记忆中的东西都可以上传。基本上，你可以把你的记忆作为备份，然后再恢复这些记忆。最终，你可能会把它们下载到一个新的身体或者机器人的身体里。"2020年8月29日，埃隆·马斯克（Elon Musk）宣布已将芯片无损植入猪脑并实现成功应用，这标志着脑机接口技术跨越了一大步。

马斯克说："我认为未来人类智力会被 AI 甩在身后，脑机接口可以让我们跟上 AI 的脚步。"

然而，美国杜克大学医学院神经科学教授、脑机接口研究权威米格尔·尼科莱利斯（Miguel Nicolelis）很快便予以批驳，认为马斯克关于脑机接口的言论只是一种营销话术。尼科莱利斯说："作为脑机接口技术的创造者，我认为通过脑机接口来实现意念控制是不可能实现的，完全没有科学依据……马斯克的言论更像是一种营销话术，但这种说法对这个领域的科学工作没有好处，马斯克的这些言论我一个字都不同意。"

脑机接口技术不论是在产品的带宽、识别的准确度，还是生物兼容性等方面，距离理想状态都还很远，马斯克不过是把过去10年已有的技术加以集成而已。

对脑机接口的研究已持续了超过40年。自20世纪90年代中期以来，从实验中获得的脑机接口方面的知识显著增长，目前约束脑机接口技术发展的最大瓶颈在于：植入侵入式脑机接口要进行开颅手术。这导致试验的样本量偏低，目前可能只有不到100个人的样本信息，其中大部分是患有疾病的人。尽管在过去的10年中，科研人员不断解码人脑的秘密，但人脑就像一个"黑匣子"，神经元数量达千亿级，未知情况太多，目前依然只能用猜的方式去了解这些信号的真实意义。

脑机接口不仅存在数据量不够、回传信息精度差等问题，还有巨大的风险，电信号可能造成永久性脑损伤。

20世纪90年代末，美国神经科学家菲利普·肯尼迪（Philip Kennedy）在得到美国食品和药品监督管理局（FDA）的临床批准后，将特制的电极植入一名瘫痪病人的脑内，成功地让这名病人学会了用意识控制鼠标。2014年，肯尼迪又将三个玻璃—金丝电极植入自己的大脑中，试图破解人类语言的奥秘。结果，肯尼迪在手术后两天突然出现了语言障碍，下巴颤抖不已、牙齿互撞，只好将电极取出。从此以后，他出现了发音不准的问题。

国际光遗传学权威吉罗·麦森伯克（Gero Miesenböck）认为："科学家可以通过光敏控制找到重要的神经元，了解它们是如何运作的，并通过虽然传统但是更新的、更有力的、更有选择性的方法来运用它们。"

麦森伯克认为"光敏控制"可为脑机接口提供新方法——将光接收器以基因的形式从眼睛移植到大脑深处的神经元，通过光照能够控制这些神经元，从而寻找并了解神经元的运作逻辑。他说："光敏控制克服了过去运用电极刺激被试者一个部位的缺点，这种通过脑电刺激被试大脑的方法具有高度并行性，对特定的神经元有内在的选择性，而且尊重大脑的功能蓝图。"

麦森伯克表示："光遗传学是一种发现工具，是一种让神经科学能够实现功能重建的成功的实验性策略。"

纳米机器人目前仍难以用于治疗

1959年，著名理论物理学家、1965年诺贝尔物理学奖得主理查德·费曼（Richard Feynman）最早提出纳米机器人的设想，他称这相当于"吞下外科医生"。

费曼认为，如果人类能制造出一种分子大小的微型机器人，直接组装分子或原子，形成产品，不仅产量高、无垃圾、省能源，还能将所有产品生产集中到一条生产线上。在此基础上，人们设想，如果把纳米机器人直接送入人体内部，直接拆除有问题的分子或原子，人类将彻底战胜各种疑难杂症。毕竟1纳米只相当于3～5个原子紧密排列在一起的长度，比单个细菌的尺寸还要小得多，一个指甲盖大小的平面就能容纳数以亿计的纳米机器人。

然而，费曼忽略了纳米机器人可以自我复制，一旦失控，可能会几何级数增长。它们可能会将现有物质统统拆成原子，这被称为"灰雾"，只需要20多分钟，便能将整个地球毁灭。

纳米机器人主要通过两种方式生产：

一是化学合成法，制造出分子级零件并通过改变周围环境条件来控制特定分子的运动；

二是光刻法，利用纳米级精度的芯片制造光刻技术，目前已经制造出分辨率为25～100纳米的复杂三维金属几何图形。

在具体应用领域，目前只在医疗、石油开采两个行业中，对纳米机器人研究较多，有比较初级的实践。石油开采行业关注纳米机器人，是因为目前全球的油气采收率仅为30%左右，将近70%的油气被留在井下，纳米机器人可能提高油气采收率。

医疗行业关注纳米机器人，是因其在癌症治疗中可能发挥作用。大多数治疗癌症的药物有较强的毒性，在杀死癌细胞的同时也会杀死健康细胞。纳米机器人可将药物定点投放给癌细胞，大大减少了对人体的伤害。

医疗界目前关注的是三种纳米机器人：磁性纳米粒子、具有分拣功能的DNA纳米机器人、可以自组装DNA折纸结构的管状纳米折纸机器人。磁性纳米粒子靠磁场驱动，但人体内空间狭小，磁场复杂，而且易受环境影响，导致磁性纳米粒子很难精准地将药物投放给癌细胞，反而可能伤害了健康细胞。具有分拣功能的DNA纳米机器人主要靠分子波动行走，它非常小，运载药物的成功率仅为80%，有时几天也无法到达病灶，如果能找到可以驱动它的酶，将会大大提高治疗效果。相比之下，可以自组装DNA折纸结构的纳米折纸机器人更有前景，它包括一条DNA长单链和多个DNA互补配对的短单链，可以以多种方式折叠，适应人体内不同的工作环境，被认为是目前最有潜力的研发方向。

然而，1974年出生的中国科学院院士、上海交通大学化学化工学院"王宽诚讲席教授"樊春海指出："目前拥有可用于治疗的DNA纳米机器人仍是一个梦想。我个人认为，总有一天，我们会有基于DNA的机器、基于DNA的自组装机器、基于DNA的纳米机器人，来治疗人体内的疾病，从而改变人们对疾病以及对治疗学的看法。"

经过几十年努力，现在人类已经可以制造非常复杂的分子机器。2017年4月28日至29日，法国图卢兹还举行了国际分子赛车比赛，由数百个原子组成的车辆在比赛的36小时内由微小的电脉冲提供动力，在由金原子制成的全长仅为100纳米的赛道中驰骋。

然而，就细胞而言，这些基于有机分子的机器不能在溶液表面或者是人体细胞内发挥作用。天然生物分子机器中的蛋白质在细胞内以高度保守的方式组装和分解，而运用有机合成的方式很难达到这种智能程度。

在此基础上，樊春海院士提出了两个论点：

第一，分子的自组装能够创造智能并使分子在细胞内发挥作用；

第二，DNA是实现分子自组装目标的正确分子。

为了满足这两个论点的需求，樊春海院士引入了DNA折纸技术，该技术运作原理为：通过一个很长的单链DNA序列，合成几百个互补的小DNA序列，使得这些小DNA序列能和长DNA模板结合，最终形成不同的结构。经过20多年的发展，科学家们现在已经可以通过DNA折纸技术来制作想要的任何形状，形成不同的框架核酸。

在最新的研究中，樊春海院士团队开发了对化学或生化刺激有反应的智能DNA纳米机器人。不过，尽管DNA纳米机器人已经成功地被放入微细胞和活细胞中，但它们是否能在细胞内正常工作仍然有待进一步研究。

医疗机器人面临的十大挑战

　　纳米机器人投入具体医疗实践为时尚早，医疗机器人却在临床中得到广泛应用。英国皇家工程院院士、上海交通大学医疗机器人研究院创始院长杨广中教授认为：医疗机器人是目前国内机器人市场最有发展前景的领域。在未来五年内，中国的医疗机器人能真正运用到临床领域，实现规模化应用。

　　医疗机器人可以分为五类（分类标准目前尚未统一），分别是：

　　（1）外科手术机器人，20世纪80年代便已投入应用；

　　（2）康复和护理机器人，20世纪六七十年代问世，1990年后进入全面发展期；

　　（3）救援机器人，2003年国际救援系统研究所在日本政府赞助下，开发出第一款产品；

　　（4）运转机器人，2007年燕山大学王洪波教授与日本学者共同研制出"C-Pam"医用运输机器人；

　　（5）其他机器人，包括超声诊断机器人等。

　　目前，中国投入应用的医疗机器人中，康复机器人约占41%，辅助机器人占17%，手术机器人占16%。我国每千人拥有护士数量仅为世界人均拥有量的46%，不足美国的15%，仅为德国的50%，因此对医疗机器人有巨大的需求。当前，我国医疗机器人在服务机器人领域的百分比已经达到了约30%，但国内医疗机器人的应用监管相对严格，应用相对落后，主要是一些中心城市的三甲医院才会使用。

当前，医疗机器人产业化的制约因素主要存在于三个方面：技术缺陷、管理不足和使用成本高。

（1）技术缺陷。在很多实际场景当中，许多数据孤岛形成了，它们藏在不同的地方，未能实现共享。比如医学成像的数据，分散在不同的医院中，每个医院自身数据量有限，无法进行大数据开发。一些机构又不愿意拿出来共享，制约了医疗机器人的开发。

（2）管理不足。目前医疗机器人评估体系不完善，治疗效果如何、是否提高了劳动生产率，都缺乏深入的统计。

（3）使用成本高。医疗机器人的治疗费用大多没有纳入医保，设备与耗材都非常昂贵，维护成本高，患者负担较重。

杨广中认为，医疗机器人今后的发展方向会是小型化、智能化，把精度做上去，在临床上真正解决一些现在不能解决的重点问题，才能够让大众都受益。他说："首先，下一代医疗机器人会很小，这样就更容易进入手术部位；其次，它们会变得更敏捷。这些代替医生之手的机器人，不仅拥有灵活的'手腕'，甚至加入了更具控制能力的'肘部'，成为超灵敏的仪器。"

杨广中表示，传统医疗机器人存在三大缺陷：价格高、适用症不全、未将影像和人工智能结合起来，而未来医疗机器人主要解决微创方面的三个问题：第一，实现精细操作，手、眼合一；第二，灵巧的手术机器人可以完成许多缝合的工作；第三，可以放大人的视野和动作，而且手术机器人能做除颤的工作。

"医疗机器人可以通过微创手术，解决我们面临的某些根本问题。"杨广中说。《科学机器人》杂志曾总结未来机器人面临的十大挑战，即：新材料和制造方案、仿生机器人和生物混合机器人、能量和能源、机器人集群式处理任务、航行与探索、机器人技术本身、脑机接口、社会互动、医疗机器人、机器人伦理与安全。杨广中认为，这也是未来医疗机器人发展需要重点解决的问题。

人类有责任让人工智能为人类服务

人工智能是否会取代人类，这是当下的一个热点话题。对此，国内一些科普工作者认为："现在对人工智能发展提出的质疑，大部分都源于媒体。很遗憾的是，大部分媒体人并不是人工智能从业人员，人工智能这个名字容易让人望文生义地产生人工智能会取代人类的想法。"

科学争论源于技术加速进步，持续的颠覆式创新使人类很难适应——它与既有经验相差太远，我们很难通过总结过去而去预测未来。

脸书的创始人马克·扎克伯格（Mark Zuckerberg）曾这样说："人工智能可以让世界变得更好。有人鼓吹人工智能会带来世界末日，我认为这是不负责任的。"埃隆·马斯克则表示："我会给人们一直敲着警钟！在大家看到机器人在路边随便把人杀了之前，人们都不知道应该怎么对待人工智能，因为这听起来太不真实了。"

事实上，很多专业的人工智能从业人员也对人工智能感到担忧。

1994年图灵奖获得者拉吉·雷迪便认为，研究通用用途的人工智能毫无用处。他说："我们需要更有能力的机器人，而不是取代人类的机器。很多人说，我们要造一个可以代替人类的人工智能机器，但我觉得机器不应该去取代人类。科学家仍然应该专注自己擅长的领域，并尝试进行突破，有许多领域还有很多空间可以为人类创造福祉。不过，在未来，把许多领域的应用再集成，也是值得研究的问题。"

拉吉·雷迪表示，应看清未来的重点在哪，这样才能对社会带来好处，

"每次说到人工智能要代替人类，大家都觉得很危险。'机器人会取代人类，人都成了机器的奴隶'，这是大家都不想看到的。"

2015年图灵奖得主、美国国家工程院院士、密码学先驱马丁·赫尔曼（Martin Hellman）也提出了类似观点。他认为，准确性、便捷性、自动化等性能层面的问题，都不是人工智能发展中最重要的方向，人工智能技术最重要的一点在于，是人创造技术，是人拥有技术。赫尔曼说，人工智能发展到今天，我们的社会发展、伦理发展都需要跟上它的节奏，"不是说我们需要多少法律法规的监管，而是说我们需要认识到，作为一个物种，人类要更加成熟，才不会自我毁灭"。

1995年图灵奖获得者曼纽尔·布鲁姆则持异议："我的观点正好相反，我倒是很喜欢多功能的智能机器人。"

布鲁姆认为应该打造有意识的计算机。他说："意识能够让人有能力和灵活性，它也可以让我们的计算机和机器人有非常强大的能力和灵活性。什么是意识？只要你能够看到、听到、感受到、品尝到，这都是意识；你的感受、你的喜悦、你的悲伤、你的恐惧，这也是意识；我们内心的独白，这也是意识；我们梦到各种各样的图像，这也是意识。"

金出武雄教授亦持反对立场，他说："人工智能可能会是罪恶的。我们知道，世界上有很多聪明的人，这些聪明人中有一些是坏人，但是更多的聪明人是好人，我觉得人工智能所面临的情况也是这样的。另外，我们不能忘记一件事，人类是人工智能的创造者。实际上，不是某一个罪恶的角色创造了人工智能，而是人类创造了人工智能，人类有责任让人工智能为人类服务，让它起到好的作用。我相信人类有足够的智慧可以让人工智能朝着对人有益的方向发展。"

第7章

化学创新如何让世界
"可持续"和"更美好"

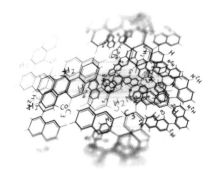

阮辉　编撰

2001年诺贝尔化学奖得主巴瑞·夏普莱斯（Barry Shaples）：

"化学是可以帮助到所有人的学科。"

2019年沃尔夫化学奖得主约翰·哈特维希（John Hartwig）：

"所谓'绿色化学'不仅是无毒无害的，也是能够以温和与高效的反应实现'可持续'理想的。"

中国科学院院士马大为：

"化学是能改变世界的。未来，全球一半的化学品将在中国生产，希望大家多多选择化学为专业！"

美国斯克利普斯研究所教授余金权：

"碳氢键活化非常重要，它可以改变人类合成分子的方式。"

当人类开启近现代科学，化学由"炼金密术"蜕变成"日常用品的源头"，汽油、塑料、钢铁、药片……两百年来，人类生活每一寸进步背后，都凝聚着化学创新的点滴积累。化学创新曾改写人类文明史，也正在塑造着人类发展的未来。在人类影响地球宏观环境的"人类世（20世纪中期开始的地球的最近代历史）"，化学创新肩负起实践"可持续"、实现"更美好"的重任，新一代化学创新源动力将触发人类社会全局性飞跃的"启动键"。

在第三届世界顶尖科学家论坛上，化学家们围绕"化学如何创造美好未来"这一中心议题各抒己见。从大师论道间，我们可以借机窥见未来一个时期内化学学科"裂变"的无限可能，也足以从中感知到异常强大的变革催化——化学，正在冲破科技"习惯圈"，预见人类新时代。

"绿色"变革不只是可敬的理想，也是现实的必需

当今世界，绿色发展已经成为多数国家的共识。如何在发展中做到可持续、实践"绿色"理念，关乎高高在上的"文明理想"——在人类社会外部风险日益加剧的当下，"绿色"发展已上升到"关系到人类存亡"的高度，是人类历史永续的"现实必需"。

急迫的"绿色"变革呼唤科技创新。2010年诺贝尔物理学奖获得者、英国曼彻斯特大学教授安德烈·盖姆认为：现代农业的发展，使地球人口持续增长。人类面临的已不仅是食品的问题，还有因能源短缺而面临的可持续发展的问题。人类唯一能够存续下去的方式，就是去开发新的能源。可控核聚变的能源原料储备非常丰富，可以用这样的能源减少二氧化碳排放，任何时候都可以进行重复循环利用。2019年沃尔夫化学奖得主约翰·哈特维希针对人类"能源困局"，提出了所谓的"绿色化学"概念，即希望未来的化工生产不仅是无毒无害的，也是能够以温和、高效的反应实现"可持续"理想的。

"绿色"变革将致力于缓解人类日趋紧张的水资源供应局面，也许在未来，一泓可供人类饮用的清泉会出自肉眼所见之"脏水"。在化学家的世界里，不论什么水，哪怕是脏水，其中的"水"，也不过就是H_2O分子，通过纳米级净化，完全可以把脏水变成纯净的水。在热成像镜头下，一片薄薄的类金属片，在室温条件和阳光作用下，只用10秒就可以变得"白热化"。加拿大达尔豪斯大学化学系助理教授米塔·达斯格（Mita Dasger），利用带

有等离子纳米结构的金属氮化物来"收集阳光",通过光热效应,让水变为水蒸气,然后冷凝,从而获得净化水。她透露,可以想方设法用氮化钛、氮化锆等材料保持这种神奇的等离子纳米结构,它们在水溶液状态下可以让咸水淡化,也可以使污水净化。同样为了得到净水,美国得克萨斯大学奥斯汀分校核心材料研究所和UT能源研究所副教授余桂华,选用了应用于新型纸尿裤、隐形眼镜生产的水凝胶。他研发的多功能水凝胶在微观层面从常见的疏水性转化为亲水性,在低能量的可见光条件下,就可以提取空气中的水,1克多功能水凝胶能吸收7克水,这有助于解决缺水地区的水源问题。

"绿色"变革也将极大地促进传统化学工业"集约化"的实质性飞跃。华东理工大学信息化办公室主任、自动化研究所所长钟伟民教授认为:如何优化炼油厂炼油的过程是很重要的,这也是石油化工行业中非常重要的一个组成部分。第一种方式是先建模,通过线性的规划和优化,在一天当中不同的时刻获得最优的生产路线和规划,利用模拟工艺去降低能耗和增加产量,实现一个单元的优化方法,其中就包括CDU(冷液分配装置)、FCC(催化裂化反应),还有加氢裂化。模拟工艺系统可以提升整个炼油厂的运营效率,可以进行模拟的验证,然后进行校正,进而发现问题和错误,确保它的准确性。第二种方式是在分析其敏感性的时候,采用进料荷载的运营条件,利用数据库的结构,在不同季节和不同月份都考虑到这些因素,通过这样的制造系统,提升整个炼油厂运营的工作效率,降低能耗。

"绿色"变革还将有益于减缓生态环境恶化程度,降低生态恶化对人类生活造成的负面影响。北京理工大学教授王博认为,对几年前的中国而言,PM2.5是个很大的问题。存在于气溶胶中的PM2.5组成非常复杂,包括一些有机化合物,还有一些无机盐。因此,要解决或者避免这些气溶胶生成,必须有效地获取并过滤它们。多孔晶状材料可以用于过滤PM2.5,但要解决三个挑战:一是如何连接原子或者分子,通过强联系的共价键来连接这些元素,把化学特性转化为人们想要的特性,并做成一种纤维或者薄层,用于我们最终的工业生产中。二是一些多孔晶状材料具有化学可逆转性，放在水中就会丧失晶状性，而把这个单聚体放在这个孔当中，让它被吸收到这个孔当中，就会有比较好的结构，还可以控制这个多聚物的反应过程。0.4纳米尺寸的孔可达到想要的状态。三是提高它的可加工性，让其可以用热加工的方法成型。王博期待通过科研攻关尽快解决上述三项障碍，让多孔晶状材料在生态文明建设中一展"绿色科技"英姿。

当前，化学领域的"绿色"变革已然渗透进入了产业、社会治理的方方面面，日益成为社会可持续发展的关键一环。以电动汽车为例，海南省提出要打造"清洁能源岛"并将之列为海南自贸港的建设目标之一。2019年3月印发的《海南省清洁能源汽车发展规划》提出，2030年海南全域禁止销售燃油汽车。2020年，海南在推广应用清洁能源和新能源汽车上频频出招，其中《海南省促消费七条措施》明确规定，在2020年5月1日至2020年12月31日购买新能源汽车者可获奖励1万元／辆。截至2020年10月底，海南新增的新能源车辆中，个人用户达9 309辆，占比达75%，是2019年同期个人用户数的2.8倍；海南已累计建设充电站点775个，换电站10座，充电桩1.8万个，其中公共充电桩8 790个，已初步具备电动汽车环岛出行条件。相信在可持续发展理念越发深入人心的未来，"绿色发展"主旋律将给予"绿色变革"更多想象空间，"绿色之治"也将因此成为世界科技转化的重要推手。

化学创新让世界具有"可持续"的动能，我们有望由此渡过生态恶化、资源瓶颈、高污染循环的难关，从而让发展更具稳定性。

化学创新与化学应用的"再出发"

化学创新何以改变化学应用的前景？

华东师范大学化学与分子工程学院"80后"教授、博导暨国际元素周期表青年科学家、"硫元素代言人"姜雪峰，如此形容化学与人类社会的关系："化学是一门动态学科，是根据人类需求而进化的。目前化学有两个最重要的'生长点'：一个是材料领域，另一个是生命领域。"在材料化学与生命化学的康庄大道上，化学创新正在不断激励着化学应用"再出发"。

在第三届世界顶尖科学家论坛上，化学家们以一件件实际案例，向我们生动展现了材料化学突破性创新的无限可能。

2014年诺贝尔物理学奖获得者、美国加州大学教授中村修二（Shuji Nakamura）认为，发展UVC-LED（紫外发光二极管）灯产业具有多方面积极意义：蓝色发光二极体的节能属性使之有更多途径可推广使用新能源，将来还可以用于垂直农业——垂直农业在室内进行农业生产，比传统农业更可控，效率更高。这样的三维环境可使用蓝色二极体来加以控制。中村修二还宣布：UVC-LED灯可以杀死悬浮在空气中的所有粒子承载的病毒。目前，全世界受到新冠肺炎疫情的影响，而空气中粒子所承载的新冠病毒，完全可以用UVC-LED灯光源加以杀灭。中村修二教授指出：以前都认为蓝光可能会进入人体，进而损伤人体细胞，可能会造成皮肤癌，但UVC-LED灯光源的波长是220纳米，这个波长的光线并不会进入人体的细胞，对人体没有任何伤害。相信在未来，它也可以用于搭建无线网络，传输速度也会非常快，可达2.11兆字节／秒，会有"激光无线网络"的概念出现。

"石墨烯之父"、2010年诺贝尔物理学奖得主安德烈·盖姆对"室温超导"这种材料科学家梦寐以求的物理性能充满信心。他对其科学发展历程做了介绍："1911年荷兰科学家昂内斯意外发现，将汞冷却到-268.95℃时，其电阻突然消失，这种现象被称为超导电性。然而，-268.95℃已接近绝对零度（-273.15℃），必须用昂贵的液氦才能把温度降到这么低，实现'零电阻'的代价非常高。1986年，IBM（国际商业机器公司）实验室的柏诺兹（J. Georg Bednorz）和缪勒（K. Alexander Muller）首次发现高温超导材料，将实现超导所需的临界温度大幅提高，使其能在价格较低的液氮降温环境下达到零电阻。"盖姆底气十足地指出："室温超导材料一定存在，但我们还不知道该怎么把它做出来。这需要基础科学研究，也需要政府持续地给予资金支持，哪怕很多研究项目暂时没有实质性进展。"

香港科技大学教授颜河看好有机太阳能电池（OPV）的应用前景，他认为有机太阳能电池制备成本低、体量轻盈、灵活便捷，在实验室环境下，有机太阳能电池的转换效率非常高。鉴于此，有机太阳能电池可以在很多领域实现应用，能够弥补普通硅太阳能电池的短板。然而，颜河也意识到，若要实现有机太阳能电池更大规模、更高水平的应用，一些"卡脖子"的关键基础科研仍需抓紧落实。他说："现在，在实验室里有机太阳能电池的转换效率其实已经很高了，但是高转换效率的设备其实不是特别稳定。我们也有比较稳定的设备，可以有大概20年的稳定性，但很遗憾，它的转换效率不够高。现在最为关键的就是要更深入地理解化学结构，弄清楚有哪些化学结构可以让我们实现高稳定性，然后改善我们的分子设计，把效率和稳定性结合起来。"

锂电池性能改良是近年来材料化学领域的一项标志性突破。2010年诺贝尔物理学奖获得者安德烈·盖姆认为：其实，石墨烯已应用在锂电池当中，像在纳米硅外面涂附石墨烯，可以提升锂电池的效率。在照明领域，也可以使用石墨烯粉末改善LED灯的照明效率。安德烈·盖姆还指出：石墨烯仅仅是50年前才发现的物质，最初人们都觉得它是无用的，但现在都在幻想它未来有各种各样的应用。相信它将来会有多个领域的应用，我们可能会看到石墨烯电池，或者石墨烯和各种材料、各种技术结合，这些新材料会在很多领域取得令人惊艳的成果。

来自成都的电子科技大学"90后"教授、应用化学中心主任刘明侦对锂电池的发展也有一番创见，她说："太阳能电池转换效率已从2009年的3.8%提高到目前的25.5%，但用溶液法制造的钙钛矿太阳能电池，很难把它放到几米尺度的介质上，难达到一致性和成膜性。气相沉积法做出来的钙钛矿太阳能电池，可以实现比较大、比较平滑的薄膜，同时它的结构也得到了简化，可以具备更好的性能。"刘明侦还指出："用了气相沉积法后，可以研究一些全新的材料，比如双钙钛矿可以形成连续薄膜。有了这样一种好的技术之后，钙钛矿太阳能电池可以在清洁能源方面打开一个全新的空间。"上海科技大学研究员谢琺对此也有相似见解："现在锂电池的产量在不断上升，在过去十年的需求增长速度非常快，预计这一需求将会以更快的速度在未来十年继续增长。不断增长的使用需求给电池技术带来新的挑战，电池技术的发展能够决定我们手机的续航时间、汽车的续航里程。"谢琺对此原理解释道："原子层层积能够更加精准地控制表面镀层，能够给电池带来非常好的表现。这样的原子层层积能够带来高拌滤性能，能够去解决化学稳定和机械稳定方面的问题。"

针对生命领域的化学创新前景，第三届世界顶尖科学家论坛的"年青一代"参会者纷纷结合自身研究成果建言。目前，一大批朝气蓬勃的青年科学家正以生命领域化学创新为职志而奋斗。因此，我们不难想象，这个化学"强势分支"将成为化学应用的"一朵奇葩"。

美国斯克里普斯研究所分子医学系副教授吴鹏正在通过"酶化学"对肿瘤医疗进行创新和变革。之前可能要花5～6周的时间才能做到的细胞识别，如今通过一种特定的"酶工具"能在一天内完成。这种酶将糖转移，合成可用于生物正交反应的非天然糖核苷酸，几乎覆盖所有细胞的表面。"酶工具"在每一个细胞的表面都有存在，所以对每一个细胞表面都做了标记，细胞与细胞之间的接触都可以检测到。通过这种方式开发出一种治疗方案，可直接分离出反应性T细胞用于专门治疗肿瘤，进行单个细胞的悬挂。通过这样的做法，能够让一些肿瘤特异性抗原呈树突状的细胞之间相互作用，并且和肿瘤细胞相互作用，然后与GDP Focx细胞进行混合、反应，大多数自身抗原性反应T细胞已经通过了五阴性选择，只有与细胞特异性抗原呈树突状相互作用的T细胞才会被标记上生物素。在这样的标记之后，可以更好地对这些细胞做出分离，然后对它们进行研究和观察，进行TCR（T细胞受体）测序。通过这种方式成功分离出来的细胞的活性非常高，可以对一些肿瘤做出针对性治疗。

武汉大学生命科学学院闫卫教授在会上介绍了其对癌症中Remote（细微）小粒子作用的研究。闫卫认为，Remote小粒子功能非常强大。细胞之间能进行交流，就是因为Remote小粒子在分泌EV（细胞外囊泡）。她期望借助强化Remote小粒子的化学生物学研究，为癌症治疗开辟新天地。她说："有很多癌症细胞比非恶性细胞能分泌出更多的EV。这些癌细胞EV可以从体液中分离出来，由此可以把EV作为诊断和预测疾病的标志。这样一种基于血液、尿液的生物样本、生物标志物，在诊断和预测疾病方面是具有巨大潜力的。基于癌症的EV可以对肿瘤的微环境重新进行编程，使得肿瘤环境变得更加复杂。通过研究Remote小粒子，科学家们可以清楚地观察病原性EV对人体癌症的转移发生作用的过程。追踪Remote小粒子可以起到很好的展示作用——我们有机会快速观察肺癌、脑癌等癌症细胞在患者体内的漫长转移过程，从而为治疗争取宝贵先机。"

化学创新引领着材料、生命等领域化学应用的"再出发"。受益于此，我们可以展望更美好的便捷安全、丰富多元的未来生活。

一张元素周期表的"跨界"

化学元素周期表是根据核电荷数从小至大排序的化学元素列表。作为分析化学行为时十分有用的框架，它在化学及其他科学范畴中被广泛使用。俄国化学家门捷列夫（Dmitri Mendeleev）于1869年总结和发表了第一代元素周期表，此后不断有人提出各种类型的元素周期表，共计170余种。可以说，元素周期表不仅是化学元素的"集成"，也是人类直观想象化学新可能的一面"棱镜"。对一些貌似"平凡无奇"的化学元素、分子结构加以"再造"、转化利用，助推着化学创新走向新高度、开辟新场景。在第三届世界顶尖科学家论坛的多场活动中，科学家们围绕着"一张元素周期表"，讲述了诸多"跨界"成功案例，化学因"青出于蓝而胜于蓝"的元素、分子"重构"，应验了"化腐朽为神奇"的传说。

华东师范大学化学与分子工程学院"80后"教授、博导姜雪峰是国际元素周期表青年科学家，是"硫元素代言人"。在别人眼中，硫是一种气味并不令人愉快的元素，在500亿个空气分子中，只要有一个硫甲醇或硫乙醇分子，就会有股奇怪的臭味。姜雪峰却不这么认为，他之所以选择"硫"这个方向，就是因为许多人对它避之不及，而科学就是要去到别人未曾驻足的地方。每次做完含有硫元素的合成实验，实验操作者的衣服上、身上都会长久留有异味。然而，正是这种"被人厌弃"的元素，不断带给人类以惊喜。硫是生命活动必不可少的元素，比如血红蛋白中硫配位了卟啉铁，才实现了传输氧气的重要功能。硫在有机发光材料中的作用也越来大。姜雪峰解释说，电子流动跃迁产生光，而这种流动需要为其建造"分子河道"。当把硫元素引入"分子河道"中，就起到了"闸门"的效果，能控制电子流动特性。不同形态的硫可以形成不同"闸门"。因此，在有机发光材料中，硫的应用非常广泛。姜雪峰团队研究的硫化学，已经成为行业研究的热点。比如，针对骨髓癌和淋巴癌等肿瘤类型疾病的新型含硫分子、在柔性光电材料领域获得新性能的含硫分子等。他们努力让人们摆脱对硫元素的固有印象，开发出无臭、稳定、安全、经济的硫化试剂。

高锝酸根离子有2 000多年的半衰期，非常稳定，而且它的移动性和可溶性也非常高，一旦它进入自然界，就可以像水一样渗透到环境里。如何去除地下水当中的锝污染？第一种方法就是利用无机阴离子交换材料，但它对锝的吸收选择性很差，吸收能力也很低。第二种方法是用有机阴离子交换树脂，它不但抗辐射性很差，而且吸收速度也很慢，所以传统的方法都不理想。苏州大学放射医学和防护学院副院长王殳凹教授指出：他所在的团队开发的阳离子金属有机骨架可以解决可选择性的问题，由于它是一个软的阳离子，还有一个保护的笼子，可以利用金属的节点，不但能增强主体和客体间化学键的关联，还能保护它的功能团。并且，在整个聚合物的无定形态中含很多苯环结构，可有效抗辐射，有选择性地去除核污染物。另外，王殳凹团队还开发了共价有机阳离子聚合物，它也是具有高电荷密度和高吸附性能的一个结构。1克这样的物质，最高吸附量可达990毫克。它的吸附速率非常快，平均吸附时间最快的只要30秒，而且有优异的抗辐射性能。在非常高浓度的溶液当中，这种聚合物同样可以实现锝的成功分离。

加拿大达尔哈斯大学化学系助理教授米塔·达斯格认为，等离子纳米结构是一种非常特殊的结构，可以收集阳光。因为这个结构里面有自由的离子，会生成一个电场，通过衰变还会产生光电效应，会在局部产生光热效应。这里面有很多化学效应是可以应用于实际的，其中最典型的一个等离子体纳米结构的金属就是金。由于金是昂贵的金属，所以从经济性的角度考虑用比较廉价的铜和银来替代，可后两者非常容易氧化，化学稳定性差，而且等离子特性不佳，在纳米结构中可能会失去一些等离子体纳米结构的属性。金属氮化物等其他一些替代物，也可以有等离子体纳米结构的属性，而且金属氮化物衰减很少，属性跟金和银很像。米塔·达斯格试图去获得金属氮化物的等离子体结构，在1 000℃的条件下进行反应，最后会生成非常容易在水里面分散的等离子体金属氮化物，这样就可以获得一个溶液，它的分散和吸收属性就会非常强。米塔·达斯格认为，金属氮化物的光吸收范围比较广，其属性超越一些金属的光热效应。在室温下，它在10秒钟之内就可以被迅速加热，还可以比其他金属化合物的性能更好。它的应用很广泛，可以利用金属氮化物吸收太阳光，用热量去消毒和淡化海水，生成净化水。实验表明，盐水蒸发率约有90%，太阳能变成热能的转化率高达90%。去盐后的金属氮化物，还有一些其他污染物质的浓度，都低于美国国家环保署（EPA）污染物标准，可以大规模地应用于商业领域。

无论是传统化学元素的"新奇改造"，还是分子结构调整带来的"化学红利"，元素周期表"跨界"在有形与无形间展开了美丽的"化学世纪"图卷。为了化学元素、结构"再造"的光明前景，科学家们正在积极实践，而我们这些化学创新"受益人"也在翘首以待。

21世纪前20年，化学以"主人翁"姿态掌舵着"不确定世纪"的人类发展方向——在这个多层次制造业高度繁荣的年代，没有一种生产与化学完全无关，化学创新让我们的世界"可持续"和"更美好"，点燃了人类奔向更高、更和谐社会水平之征途的路灯。中国科学院院士、中国科学院上海有机化学研究所马大为研究员在第三届世界顶尖科学家论坛上，面向广大青年学子发出倡议："化学是能改变世界的。未来，全球一半的化学品将在中国生产，希望大家多多选择化学为专业！"我们期待马大为的鼓励能鼓舞更多"生力军"投身化学创新，也期待未来一代科学家能让化学创新更加造福我们的"可持续""更美好"社会。

第8章

新冠肺炎疫情催化"长期不确定性"与经济学家的创新应对

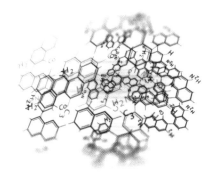

张小生　编撰

2013年诺贝尔经济学奖得主拉尔斯·彼得·汉森（Lars Peter Hansen）：

"新冠肺炎疫情的病毒传播渠道充满不确定性，疫情的应对举措也有得有失，其后果也需要评估，'封城'的举措会影响人们的生活和经济，这些都需要寻找和建立各种各样的数学模型来分析其不确定性。我对这些话题都非常感兴趣，我要充分研究不确定性，我会开发各种工具来理解这些不确定性。"

2011年诺贝尔经济学奖得主托马斯·萨金特（Thomas Sargent）：

"新冠肺炎疫情已经导致了这么多死亡病例，就像真正的战争一样。把新冠肺炎疫情和真实的战争进行对比，其物理结果有相似的地方也有不同之处。第二次世界大战和这次新冠肺炎疫情的'战争'有很多相似之处，战时很多人努力生产产品和提供服务，大量劳动力被转化为军力，使得正常的生产和服务陷入萧条。由于疫情的原因，产品和服务的供给都被中断了，社会生产和服务受到极大的冲击，战争中亦是如此。"

2010年诺贝尔经济学奖得主克里斯托弗·皮萨里德斯（Christopher Pissarides）：

"现在全世界差不多有五分之一的人在家远程办公，疫情放大了生产过程中的数字化特征，加速了数字化趋势。由于人们越发习惯于在家远程办公，导致交通、餐饮、出租车等行业都会发生变化，还有很多新的教育问题、生活方式调整问题等。真正的挑战在于对劳动者进行再培训，确保大家习得新技能，这样才能做好服务行业的工作。"

2004年诺贝尔经济学奖得主芬恩·基德兰德（Finn Kydland）：

"提高女性就业率可能可以帮助弥补退休人员增加带来的劳动力缺口，我们发现有一点非常让人惊讶：加拿大、英国、法国女性工作者的劳动参与率近年其实是持续上升的，这一比率在北欧国家已经高达90%，在瑞典、挪威尤其如此。但美国是个例外，如今美国女性的劳动参与率低于很多国家，甚至低于日本。疫情可能会像战争一样带来一次经济大萧条，但并不是同等程度地影响到经济的每一个产业和行业。经济复苏过程中的财政刺激要有选择性地进行，要考虑资金往哪里投和怎么花。"

华夏幸福产业研究院院长、工业和信息化部规划司原副司长顾强：

"在疫苗没有大面积普及前，城市治理和管控模式成为防控疫情的关键。人口稠密的发展中国家城市化的最优路径是都市圈化。我们并不排斥中小城市发展，相当部分中小城市是包含在都市圈城镇体系之中的。"

"面对新冠肺炎疫情的大流行，需要经济学家、流行病学家以明智的方式解决问题，而这需要经济学家学习一些流行病学的知识，同时流行病学家也要学一些经济学的知识，严肃地对待经济学。"2020年11月1日午后，在第三届世界顶尖科学家论坛压轴的"疫情是经济面临的最大危机与挑战吗？"主题经济峰会上，云端与会的2013年诺贝尔经济学奖得主、美国芝加哥大学"大卫·洛克菲勒杰出服务讲席教授"拉尔斯·彼得·汉森如是呼吁。

诚如斯言，新冠肺炎疫情不仅仅是一个单纯的全球公共卫生问题，它带来的是全球性的冲击，包括经济层面的显著影响。因此，疫情的应对与全球经济的复苏及世界的未来走向，更需要经济学家和包括流行病学家在内的各界顶尖学者进行跨界思考与对话。

作为"顶尖科学家论坛"，高科技元素在会议落地细节上也多有体现。比如，一些因疫情阻隔而未能飞赴上海亲临会场的国际嘉宾，利用当下最新的360度全息影像技术，"活灵活现""栩栩如生"地与现场嘉宾"同台"演讲和研讨——虽远隔重洋，却共享同一个地球同一个论坛。借助无远弗届的互联网，与汉森教授隔空对话的另三位顶尖经济学家是：2011年诺贝尔经济学奖得主、美国纽约大学经济学系和斯特恩商学院"威廉·柏克利讲席教授"托马斯·萨金特，2010年诺贝尔经济学奖得主、英国伦敦政治经济学院经济学和政治学教授克里斯托弗·皮萨里德斯，2004年诺贝尔经济学奖得主、美国加州大学圣塔芭芭拉分校"亨利讲席经济学教授"芬恩·基德兰德。华夏幸福产业研究院院长、工业和信息化部规划司原副司长顾强主持了这场以"疫情是经济面临的最大危机与挑战吗？"为主题的全球跨界对谈。

疫情之下的"经济不确定性"

1952年出生的拉尔斯·彼得·汉森，现任教于美国芝加哥大学并担任该校"大卫·洛克菲勒杰出服务讲席教授"。他22岁时在美国犹他州立大学获得数学、政治学双学士学位，1978年在美国明尼苏达大学获经济学博士学位，后任教于美国卡内基–梅隆大学，1981年担任美国芝加哥大学经济学教授。他在宏观经济学、金融学和计量经济学领域均有贡献。

汉森最重大的贡献被认为是发展出了目前广泛应用于实证资产定价的广义矩估计方法，该方法用于研究宏观经济指标和金融市场资产之间的联系。其另一项重要贡献是与2011年诺贝尔经济学奖得主托马斯·萨金特一道发展并扩充了稳健控制理论，该理论用于研究风险在定价和决策中的作用。2013年，汉森因对"资产定价理论的杰出贡献"，与尤金·法马（Eugene Fama）和罗伯特·席勒（Robert Shiller）共同分享了这一年的诺贝尔经济学奖。汉森近年的研究包括对风险和不确定性的区分、不确定性及其对长期资产定价的影响等。

2017年11月16日，汉森被清华大学授予"名誉教授"的称号，他在该校经济管理学院的"陈岱孙经济学纪念讲座"上做过题为《直面经济中的不确定性》（*Confronting a World of Economic Uncertainty*）的演讲。近四年来，国内出版界陆续引介和出版了汉森的《理性预期计量经济学》《稳健性》《经济世界的不确定性》等著作。

理性预期往往假定经济主体以及观测其行为的计量经济学家都能正确

设定其模型，这一假定目前构成了宏观经济学的核心，合著《经济世界的不确定性》的汉森与萨金特在这方面的研究中均做出了前沿性的贡献。但在《经济世界的不确定性》一书中，他们展示了对理性预期概念的偏离，即存在模型误设的可能性，两位作者研究的主题集中在模型不确定性下经济主体和计量经济学家的行为。汉森与萨金特将稳健性控制理论应用于经济学和金融学中，该书中的稳健性控制允许经济决策者质疑其模型，并采取预防性决策以防止模型误设的不良后果，从而扩展了理性预期模型——这一特征对于理解风险价格而言意义重大。此外，书中还讨论了如何对决策者的模型误设担忧进行校准并量化分析。

可见，"不确定性"是汉森重点关注的一个问题。

"政府制定的政策也带有不确定性，公众、公司、政府都必须应对不确定性，统计学家通过建立模型和公式来对不确定性进行分析和应对，看看政策有哪些得失，市场是怎样运作的。"这一次，汉森在论坛上简要回溯了凯恩斯以降的经济学史上对"不确定性"的持续关注，将论述落脚于当下："新冠肺炎疫情带来了很大的不确定性，比如，什么时候可以有疫苗？疫苗推出后，经济需要多久才能复苏？"在汉森看来，气候变化也带来了很多不确定性，其运作机制和发展、变迁的时间线都需要通过建模来分析，"从非常广泛的角度做经济分析以应对不确定性"。

"新冠肺炎疫情的病毒传播渠道充满不确定性，疫情的应对举措也有得有失，其后果也需要评估，'封城'的举措会影响人们的生活和经济，这些都需要寻找和建立各种各样的数学模型来分析其不确定性。我对这些话题都非常感兴趣，我要充分研究不确定性，我会开发各种工具来理解这些不确定性。"汉森侃侃而谈。

20分钟的主旨演讲告一段落后，主持人顾强向汉森抛出了一个问题：新冠肺炎疫情之后的全球产业链、供应链会面临怎样的不确定性，会不会出现大规模重构？"我对未来本来还是很乐观的。但是，由于疫情一直不能完全控制住，我就开始担心起来。希望未来再也不要有这样的疾病大流行了，希望人们能从本次疾病大流行中吸取教训。"汉森呼吁"我们要打造强大的经济系统"，因为只有这样，我们才能有足够好的适应能力来应对疫情。

肆虐全球的新冠肺炎疫情正像令人恐慌的战争

　　紧随汉森发表主旨演讲的，是长他9岁、比他早两年获得诺贝尔经济学奖的好友萨金特。中文互联网上盛传着《时代周报》2017年7月的一篇专访——《诺贝尔奖得主托马斯·萨金特：与中国的不解之缘》。该报此前几年对萨金特的持续报道，也都是"中国让我感觉充满能量""我不看空中国"一类的对中国友善的表述。

　　2011年获得诺贝尔经济学奖后，萨金特于次年首次访问中国，此后，他几乎每年都会来访。喜欢中国俗语"上有政策，下有对策"和"人无远虑，必有近忧"的他，还能熟练使用支付宝和微信进行移动支付。2017年6月8日，萨金特受邀加盟北京大学（深圳）汇丰商学院，创建了"萨金特数量经济与金融研究所"并出任所长，《时代周报》称"这是深圳这座年轻的城市，在人文社科领域引进的首位诺贝尔奖获得者"；6月22日，北京大学授予萨金特"名誉教授"称号，同年11月，在北京大学（深圳）汇丰商学院与平安科技宣布正式展开宏观经济与金融研究领域的全面合作后，萨金特担任首席顾问并主持研究工作。2018年1月，萨金特设计、组织和主持了北京大学（深圳）汇丰商学院"2018年数量经济学冬令营"活动，系统讲解了Python在快速处理数据、动态程序设计、资产定价、汇率预测等数量经济学领域的应用。

　　萨金特获颁北京大学名誉教授，因他是经济学"理性预期学派"的领军学者，为新古典宏观经济学体系的建立和发展做出了杰出贡献，在宏观经济模型中预期的作用、动态经济理论与时间序列分析的关系等方面做了开创性工作。2011年，彼时执教于普林斯顿大学的萨金特与同事克里斯托弗·A. 西姆斯（Christopher A. Sims），因对"宏观经济因果关系的实证研究"而被授予诺贝尔经济学奖。此前，萨金特曾担任美国社科院、美国人文与科学院、世界计量经济学会的委员，也曾担任过美国经济学会、世界计量经济学会等国际经济学机构的主席。

业余喜欢垂钓、欣赏古典音乐和阅读历史的萨金特，也擅长讲故事。在劝说中国学生重视经济学理论与数学统计的结合时，他会举出诺贝尔物理学奖得主斯蒂芬·温伯格（Steven Weinberg）的《给世界的答案：发现现代科学》和囊括保罗·萨缪尔森（Paul Samuelson）生平故事的《23位诺贝尔经济学奖得主的瑰丽人生》。"新冠肺炎疫情已经导致了这么多死亡病例，就像真正的战争一样。"在2020年11月1日下午的主旨演讲中，萨金特习惯性地用上了一连串比喻，他说："把新冠肺炎疫情和真实的战争进行对比，其物理结果有相似的地方，也有不同之处。第二次世界大战和这次新冠肺炎疫情的'战争'有很多相似之处，战时很多人努力生产产品和提供服务，大量劳动力被转化为军力，使得正常的生产和服务陷入萧条。由于疫情，产品和服务的供给都被中断了，社会生产和服务受到极大的冲击，战争中亦是如此——年轻人从军，在战时是不会从事生产的，他们在那里等待行动。当战争发生的时候，人们不知道会打多久，有的人认为战争很快就会结束。但事实上，战争持续的时间往往比我们想象的更长。"

在萨金特看来，肆虐全球的新冠肺炎疫情正像令人恐慌的战争。从金融和经济的角度来看，在战时状态下，比如以第一次世界大战为例，当时美国和其他欧洲国家的政府往往发行大量债券来为战争的花费进行融资，国家债务与国际债务堆积如山、居高不下，只能通过逃避债务或增加税收来解决问题。疫情之下的经济复苏又该如何获得最优解呢？萨金特认为，应该从战后财政政策和货币政策的设计中吸取教训和借鉴经验。

疫情放大了生产过程中的数字化特征，加速了数字化趋势

在两位美国嘉宾云端演讲完毕之后，主旨演讲嘉宾轮到了1948年出生于地中海东北部岛国塞浦路斯的克里斯托弗·皮萨里德斯，这位2010年诺贝尔经济学奖得主现任英国伦敦政治经济学院教授，其学术专长是劳动力市场经济学、宏观经济政策、经济增长和结构变革。皮萨里德斯获颁诺贝尔经济学奖，得益于他在市场搜寻理论和宏观经济方面的突出贡献。他基于劳动力市场和宏观经济间的交互作用，提出了搜寻和匹配理论并由此进一步建立了匹配函数，用来解释在给定时刻从失业到就业的流动状态。他也是利用这一函数进行实证研究和经验估计的先驱之一。

1994年发表于《经济研究评论》的《失业理论中的创造就业和失业》，是皮萨里德斯的一篇代表性论文，文中提出的"莫特森-皮萨里德斯模型"在现代宏观经济学中发挥着重要影响。皮萨里德斯的《均衡失业理论》在宏观经济学文献中具有开创性意义，2012年被商务印书馆引进中国。在传统劳动力市场和宏观经济政策等治学重点领域之外，皮萨里德斯近年来还颇为关注人工智能和机器人对劳动力市场的冲击及其在经济增长中的作用。

"在新冠疫肺炎情暴发之前，一些国家和地区的就业率还是不错的，先进技术带来了很大的改进，很多工作岗位变得自动化、智能化了，因此人们失去了一些工作岗位。一些人被迫转行进入那些自动化程度还不是很高的行业，这对就业市场产生了一定影响。当然，每个行业的具体情况不

一样，有的行业的就业结构在数字化和自动化的发展进程中被改变了。总体而言，就业形势稳定。"在2020年11月1日下午的隔空对谈中，皮萨里德斯分享了他对新冠肺炎疫情带来的就业影响的观察。他还发现，新冠肺炎疫情暴发后，服务业在一些国家和地区得到了快速且长足的发展与进步，很多数字化工作的新机会由此得以产生，他说："现代经济需要资本驱动，而非人力驱动，不少劳动者在疫情之后失去了工作。当然，自动化一直是把'双刃剑'，并不一定全是坏事，它可以对一些主要依靠人力的工作构成补充。自动化技术对一些比较危险或者容易导致负面影响的工作有很大的帮助。"

数字化和自动化在某些领域减少了工作机会，但又创造了新的工作机会，这一趋势其实在新冠肺炎疫情暴发之前就已经开始发生了，只是在疫情之后加速了。"大家都希望降低'封城'的成本，公司要努力地生存下来，要尽量减少成本，尽量在资本和人力等投入之间找到最佳的平衡点。"皮萨里德斯注意到，在一些国际都市迫于疫情防控压力而"封城"期间，当地民众不能像往常那样自由地去餐厅，很多商业旅行也被迫减少了，很多人已经习惯了居家办公，他说："现在全世界差不多有五分之一的人在家远程办公，疫情放大了生产过程中的数字化特征，加速了数字化趋势。由于人们越发习惯于在家远程办公，导致交通、餐饮、出租车等行业都会发生变化，还有很多新的教育问题、生活方式调整问题等。"

"就像国际航班需要慢慢恢复起来一样，只要疫情得到控制，我们就能坐飞机去旅行。"皮萨里德斯对疫情之于全球经济的影响倒也没那么悲观，他说："经济的确会衰退，但不会衰退得很严重，所以一度失业的劳动者肯定也能找到新的就业机会，真正的挑战在于对劳动者进行再培训，确保大家习得新技能，这样才能做好服务行业的工作。"

"人口老龄化"与女性劳动参与率变化

　　最后一位做主旨演讲的国际嘉宾是2019年莅临过世界顶尖科学家论坛的2004年诺贝尔经济学奖得主、美国加州大学圣塔芭芭拉分校"亨利讲席经济学教授"芬恩·基德兰德。1943年出生于挪威的基德兰德，30岁时在美国卡内基-梅隆大学获得博士学位并留校任教，2004年7月至美国加州大学圣塔芭芭拉分校任教。作为经济学和政治经济学领域的知名专家，基德兰德的学术研究集中于经济周期、财政和货币政策以及劳动经济学等领域。2004年，他因在"经济政策的兼容性和经济周期背后的驱动力"研究方面的贡献，与经济学家爱德华·C. 普雷斯科特（Edward C. Prescott）一道获颁诺贝尔经济学奖。

　　"我在技术上真的是不行了，如今我使用电脑都有困难了。"基德兰德略有些自嘲地开起了玩笑。其夫人是研究阿尔茨海默病的神经科学专家，他说："针对阿尔茨海默病目前还没有很有效的治疗方法，如果找到了一个治愈方法就好了，我们也会用起来。""在我们做的调查当中，很多被调查者一周花5~6小时来照顾家人，我们认为这样的工作小时数将来也会有所变化。""人口老龄化"是基德兰德重点关注的一个议题，他借助自己构建的计算模型指出，在老龄化的社会背景下，如果世界人口结构没有发生转变，到2060年，社会的经济生产将下降17%，到2100年将下降高达39%。

　　新冠肺炎疫情对不同年龄段的人士均有影响，较之于老年人，它对青少年造成的影响将更为长久，基德兰德教授认为需要及时予以关注。

　　"后来，我的研究团队又有一个想法，我们想要看看女性劳动力的劳动参与率，因为提高女性就业率可能可以帮助弥补退休人员增加带来的劳动力缺口，我们发现有一点非常让人惊讶：加拿大、英国、法国女性工作者的劳动参与率近年其实是持续上升的，这一比率在北欧国家已经高达90%，在瑞典、挪威尤其如此。但美国是个例外，如今美国女性的劳动参与率低于很多国家，甚至低于日本。"基德兰德教授认为，这是值得继续研究以找到答案的议题："为什么美国女性的劳动参与率不断下降，甚至已经持续下降了20年？"

创新会使世界变得更"尖"吗?

在四位诺贝尔经济学奖得主的主旨演讲告一段落后,唯一身处论坛现场的主持人、华夏幸福产业研究院院长、工业和信息化部规划司原副司长顾强回归到"疫情对经济的影响"总主题,他一口气抛出了四个问题:疫情会改变世界城市发展格局吗?都市圈化是发展中国家城市空间演化的重要方向吗?创新会不会使世界和区域变得更"尖"?疫情会不会改变全球化的发展趋势?

作为一个中外对话的响应,顾强率先表达了自己的一系列看法。基于中国282个城市和美国50个州以及加拿大的一系列统计数据显示,城市人口密度和新冠肺炎感染比例并没有直接的线性关系,所以"在疫苗没有大面积普及前,城市治理和管控模式成为防控疫情的关键"。

城市化、城镇化以及都市圈化是中国国内经济学界近年来热议的高频话题,一个显著例证是:1973年出生的上海交通大学安泰经济管理学院特聘教授、中国发展研究院执行院长陆铭,四年前出版了《大国大城:当代中国的统一、发展与平衡》,该书迅速成为学术畅销书。陆铭大力强调和倡导中国发展大城市的重要性——社会问题宜疏不宜堵,只有让市场本身充分发挥对包括劳动力在内的生产要素的调节作用,才能从根本上解决一些当下棘手的社会问题。政府的功能不是与市场博弈,而是在市场"失语"的地方,以长远的眼光科学地布局基础设施,提供公共服务供给。只有在聚集中经济发展才能走向均衡,地理的因素不容忽视,只有以追求人均GDP的均衡取代追求区域GDP的均衡，才能充分发挥出大国的国家竞争力，最终提升全体人民的公共利益。

陆铭这一基于空间政治经济学的战略思考的影响力逐渐溢出经济学界。2020年8月24日，他与林毅夫、樊纲、江小涓、蔡昉、王昌林、朱民、张宇燕和郑永年七位著名学者一道，受邀出席了中南海的经济社会领域专家座谈会。会上，陆铭表示，我国在城乡和区域发展方面仍存在诸多结构调整的空间，如果一些体制性、结构性问题得以解决，将能产生巨大的"制度红利"——加快外来人口的市民化进程、校正土地和住房空间错配、常住人口公共服务（尤其是子女教育）均等化……这些都是可以产生巨大红利的城乡和区域发展"结构调整"空间。

就在第三届顶尖科学家论坛开幕前夕的2020年9月下旬，上海的"户口新政"规定，"上海的'世界一流大学建设高校'的应届毕业生，符合基本申报条件即可落户"，"博士毕业生直接落户"，"'世界一流大学建设高校'的硕士和'世界一流学科建设高校'的硕士，也可以直接落户"。

陆铭堪称当下中国经济学界对"都市圈化"最坚定的倡导者，他认为中国急需转向以超大城市为代表的都市圈和城市群发展战略，经济的趋势性下滑源于地区间和城市间的资源错配；大城市没有"太大"的问题，如今流行的认知是中国的大城市太大，从而限制大城市和都市圈发展；城市病的病因其实出在供给侧，而不是人多的问题。

与陆铭所见相同，顾强也倾向于认为"人口稠密的发展中国家城市化的最优路径是都市圈化"，"我们并不排斥中小城市发展，相当部分中小城市是包含在都市圈城镇体系之中的"。从顾强的观察来看，中国的创新要素越来越向北京、上海等核心都市圈集中，"创新源于高质量的要素集聚与生态营造"，中国国内核心城市的"创新尖峰"与周边地区的"制造高地"的空间耦合新范式，提升了都市圈产业的整体竞争力，"这种发展路径对其他发展中国家也许是有借鉴意义的"。至于"疫情会不会改变全球化的趋势"，"长期来看，全球化不会受疫情影响，扩大'双循环'是包括中国在内的所有国家的共同选择"。

疫情是经济面临的最大危机与挑战吗？

疫情会改变世界城市发展格局吗？

疫情会不会改变全球化的发展趋势？

第三届世界顶尖科学家论坛"疫情是经济面临的最大危机与挑战吗？"主题经济峰会的高潮，少不了末尾的互动讨论环节。顾强试做小结，他认为此次疫情对于世界各地穷人的影响实际上要远远大于对富人的影响，因为疫情之后股票市场利好，富人群体反而更加富裕了。因此，需要追问的是："如何防止收入差距进一步扩大？如何帮助弱势人群、国家、地区度过这样的危机？"

萨金特第一个接过了话题，在他看来，美国的很多宏观经济学家声称有一种财富效应——集合的消费取决于财富水平，而股票市场是财富的重要组成部分，股票市场对谁都好，股票市场发展得好是"水涨船高"的事情，穷人和富人都能因此得到财富水平的提升。对于这种"水涨船高"的看法，萨金特并不认同，他说："'水涨船高'是不错，但倘若船一开始就是倾斜的呢？"他主张要重视社会财富的再分配。

在皮萨里德斯看来，疫情之于世界经济的影响对于每个群体的冲击力是不同的，"一刀切"的办法并不可行。他说："我们不难发现，在疫情中能够远程、在线完成工作的，往往属于高收入群体；诸如快递员、售货员等群体，他们无法在家中继续获得工作保障，这就是所谓数字化带来的一条更加难以逾越的鸿沟。"

新冠肺炎疫情犹如给世界各地的民众抛出了一道简单而又困难的选择题，即到底是优先对抗疾病还是维持和复苏经济，尤其是全球第二波疫情下，一些国家和地区的应对仍然不尽如人意。"很多人说疾病和经济之间并没有取舍关系，但我觉得是有取舍的。"在汉森看来，当政府选择将"封城"之类的措施作为对抗疫情的办法时，经济结构和经济发展必然受到冲击。他说："事实上，把人们禁足在家里，同样会产生不少的疾病，对他们心理状态的影响是非常显著的。无论我们面对后续疫情冲击时是否会在经济方面表现得更有经验，疫苗的生产才是亟待解决的问题。"

关于"取舍"的问题，萨金特回应和补充了自己的朋友汉森的看法，萨金特侧重关注的是"有些国家能采取的疫情应对举措在其他国家是做不了的"。比如，也有一些杰出的美国经济学家曾发表公开信，建议美国联邦政府和各州政府应该像中国武汉那样采取非常彻底的"封城"措施，但是由于文化和传统等差异和各种各样限制因素的影响，这封公开信并没有得到很多人的支持。

"新冠肺炎疫情对低技能、低工资和低收入的人群的打击确实更加严重，而对高收入人群的打击没有那么大，后者在网上可以继续居家远程工作。快递员、保洁员等是没有办法在家工作的。"基德兰德格外关注公平问题，他说，"疫情可能会像战争一样带来一次经济大萧条，但并不是同等程度地影响到经济的每一个产业和行业。经济复苏过程中的财政刺激要有选择性地进行，要考虑资金往哪里投和怎么花。"在疫情暴发之初，英国和其他一些欧洲国家的政府往往是直接扶持和救济那些受冲击较大的产业，让其从业者不致失业。但是，"这样的举措的成本都是非常高昂的"，基德兰德担心的是"税收能不能支撑目前的强刺激政策"。

汉森也有与基德兰德类似的担忧，汉森最后补充回应道："我们有大企业，也有中小企业，后者也是未来创造就业岗位的主力军。如果想要我们的经济能够快速恢复，可能我们要确保有足够的资本去支持中小企业发展，要去帮助穷人，要把社会财富的再分配工作做得非常好。"

"相聚"总是短暂的，几个小时的云端演讲与研讨仍然让参会的专家学者与与会听众意犹未尽，告别是为了再次相聚。在不远的将来，全球新冠肺炎疫情的防控会有更多进展。到那时，能够飞赴上海莅临论坛的顶尖科学家们将会比2020年多得多。

第9章

挑战孤立主义：用相向而行的科学理性
为国际不信任释压

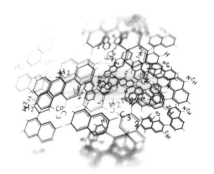

邹赜韬　编撰

世界顶尖科学家协会副主席、1997年诺贝尔物理学奖得主朱棣文：

　　"我相信，其他领域的竞争不应在科学领域发生。"

2006年美国物理学会詹姆斯·C.麦高第新材料奖得主戴宏杰：

　　"当人类面临共同危机的时候，科学家应该像超级英雄一样站出来承担责任，通过科学解决问题，造福人类。"

2009年诺贝尔化学奖得主文卡·拉马克里希南（Venka Ramakrishnan）：

　　"促进合作本身也是科学家的责任。科学家应当以开放的心态互相信任。当他们拥有共同的科研文化时，这种合作最为有效。"

2019年10月，中国国家主席习近平在给第二届世界顶尖科学家论坛的贺信里，道出了世界"科技共同体"的美好愿景："科学技术是人类的伟大创造性活动，发展科学技术必须具有全球视野、把握时代脉搏。"时隔一年，2020年10月，习近平主席在向第三届世界顶尖科学家论坛作视频致辞时，又进一步深化了对世界"科技共同体"的前瞻判断："科学无国界。国际科技合作是大趋势，也是科技不断创新发展的必由之路。"在讲话中，习近平主席还面向全球科技界郑重宣布："中国将实施更加开放包容、互惠共享的国际科技合作战略，愿同全球顶尖科学家、国际科技组织一道，加强重大科学问题研究，加大共性科学技术破解，加深重点战略科学项目协作。"

为了科技而合作，科技协作为了更美好的世界——第三届世界顶尖科学家论坛的总主题是"科技，为了人类共同命运"——诚如习近平主席讲话中所提到的，在新冠肺炎疫情面前，世界"科技共同体"不单具有合理性，更具有迫切性。因而，在这"世界呼唤科学消解不信任"的特殊时间点上，第三届世界顶尖科学家论坛的召开既顺应时势，又鼓舞人心。2006年诺贝尔化学奖得主、世界顶尖科学家协会主席罗杰·科恩伯格认为，世界顶尖科学家论坛这个"在世界范围内倡导科学"的高水平国际对话平台应当如此解读"科学"——"试图了解我们周围的世界，一种改善人类状况的力量，具有国际性和非政治性"。一场挑战孤立主义，用相向而行的科学理性为国际不信任释压的"交流之会""交叉之会""交心之会"在浦江之畔扬帆启航。

新冠肺炎疫情既触发"逆全球化",也使科学家们更坚定开放合作的信念

新冠肺炎全球大流行致使不少国家间本就存在的结构性矛盾日益激化,"逆全球化"思潮泛起,各方面的全球合作均面临前所未有的巨大挑战。然而,第三届世界顶尖科学家论坛向世界传递了一个极为鲜明的信号:新冠肺炎既触发了"逆全球化",也使科学家们更坚定开放合作的信念。科学家们不会跟随个别"逆全球化"的势力,合作共赢仍是全球科学界最主流的声音。

在第三届世界顶尖科学家论坛开幕式上,中国工程院院士、"共和国勋章"获得者钟南山向世界科学界发出呼吁:"战胜疫情需要全球合作,而且是比现在更高级别、更紧密的合作。在新冠肺炎疫情和未来可能暴发的其他疫情面前,人类更需要共同面对——这不是一般的漂亮话,而是需要很认真地切实执行、长久坚持。"

同是医界中人的传染病病原体研究权威饶子和院士在应邀介绍"新冠病毒(SARS-CoV-2)复制和转录机制"时,只着重讲了一句与科技没有直接联系的话:"由于2020年突发的新型冠状病毒肺炎仍在继续,全球科学家眼下最紧迫的任务就是齐心协力研究新冠病毒,并找出对抗它的治疗方法。"

2020年10月29日,在上海国际会议中心世纪厅内,中央电视台《遇见顶尖科学家》访谈节目顺利录播。这次"大咖对话"的主题是"全球抗

疫"，世界顶尖科学家协会主席罗杰·科恩伯格作为"科学讲评人"与中央电视台"名嘴"劳春燕主播一道，向全球杰出的医学、生物学专家抛出有关抗击新冠肺炎的"时代之问"。

在上半场对话中，1996年诺贝尔生理学或医学奖得主、澳大利亚免疫学专家彼特·杜赫提就"全球化时代的航空与病毒散播"，提出了宏观治理见解，他说："我们从SARS和新冠病毒当中学习到了很多知识。我们研究流感，经常说流感在全球的传播是没有办法制止的，就像不能阻止苍蝇飞来飞去一样。不过，我们从澳大利亚的教训学到了一个道理：不要让携带新冠病毒的飞机飞出去，一飞出去就会到没有疫情的地方，新冠病毒就会传播得更快。我们过去用陈旧的思维看待事情，现在在新冠肺炎疫情下，我们要有国际统一的做法并跟WHO进行协作，我们要在各个地区、社区统一想法，我们不能让携带病毒的飞机飞出去，也不能让它飞进来。"

彼特·杜赫提认为，新冠肺炎给国际航空业敲响了警钟。这个世界唯有尽快在全球卫生协作机制下建立起有效的传染病航空管理通则，才能摆脱"一国疫，世界难"的全球卫生治理困局。他就此评论称："我们看到不仅是新冠病毒，还有很多其他病毒，譬如各种各样昆虫所携带的病毒在第二次世界大战之后快速传播。比如，有的病毒从东南亚到了加勒比海地区，又从印度洋到了非洲、太平洋、南美洲，还有些病毒从非洲到印度、太平洋的，等等。这些病毒都是飞机携带出去的，我们需要一种强化机制保障公共健康，让飞机在不该飞出去时就不要再飞了。"

作为新冠病毒结构研究的国际权威，饶子和自2020年年初即立足国际协同，与世界同道携手取得了多项抗击新冠肺炎疫情的标志性成果。饶子和介绍说："我们测定了一些蛋白质结构，并且把取得的信息与全球各国的大学、研究机构一起分享，总计公开发表了六项成果。我们也测定了一些新冠病毒研究的关键结构，在一万多种化合物中发现了六种可以有效抑制新冠病毒的分子，这项成果现在也已经发表出来了。在这六种分子中，有一种分子已经获得了美国食品药品监督管理局批准，在美国进行第二阶段临床试验，同时也在英国进行临床试验。"

北京大学的谢晓亮教授则致力于自新冠病人血液中提取抗体，以此研制新冠特效药。同为抗击新冠肺炎的"火线科学家"，谢晓亮对饶子和所言感触颇深，谢晓亮感慨道："世界各国研究人员随时都可以拿到新冠病毒的研究信息，这样研究速度就快了很多，如此进行国际合作是非常有效的。"对此，这位《疾病没有国界，科研亦应如是》一文的作者由衷地说："科学不是政治，科学家不受国家、意识形态或者任何界限的限制。我们共同合作，本着友好合作的精神与世界各地的同道开展合作——不管对方来自中国还是俄罗斯、美国，（应该说）这是非常好的原则。"

《遇见顶尖科学家》访谈的下半场因一位"明星科学家"的到来而引发了"云端观众"的热烈追捧——抗疫英雄、复旦大学附属华山医院感染科主任张文宏医生。他与英国医学科学院前院长约翰·贝尔（John Bell）教授，还有牛津大学糖生物研究所以及抗病毒研究中心主任妮可·齐兹曼（Nicole Zitzmann）教授同台论道。

对话中，张文宏医生从一个很新颖的角度重新检视了新冠肺炎疫情的"全球化"现象。他说："对于全球而言，各国疫情控制的策略很不一样。中国和其他东方国家采取了很多非医疗手段来控制疾病——这主要是因为文化的差异。不过，如果要消灭病毒、消灭疫情、停止疾病传播，我们还是需要新疫苗和新药物。由此，不管是西方文化还是东方文化，双方都很重要。当下，我们要采取这种非医疗手段——因为第二轮疫情在西方国家更严重，在疫苗或药物上市之前，这种非医疗的介入依然非常重要。但就长期而言，没有疫苗或者药物的话，新冠病毒的传播是没有办法停止的。无论是西方还是东方，抗疫举措都有共同点，我们要共同携手对抗疫情、对抗病毒。中国现在也参与了疫苗研究的全球行动——对我们而言非常重要的一点，就是一定要合作。"

英国医学科学院前院长、牛津大学雷吉乌斯医学主席约翰·贝尔认为，新冠肺炎为国际科学界加速文献互通有无、"开放存取"，以及关键实验"无墙交流"添加了"强力催化剂"，使"有史以来第一次科学信息大开放"成功实现。他说："（科学家们的）努力成果都是在全球范围内分享的。比如，科学家们可以在杂志上发表论文，或者把他们的研究结果免费分享给大家，而不是要收费——大家想看都可以看到。科学家们也分享了各种各样的信息，比如实验室的信息、制剂的信息，这种合作在以前是很少发生的。我认为这次全球的科学界合作不仅效果非常显著，而且将会持续很长时间。一旦这些合作形成，就会持续出现。我们知道以前要收集一些科学数据会面临很大的困难，因为以前这些数据并不是完全免费向世界开放的，现在这样的信息开放度真是有史以来第一次出现。"

2019年中国国际科学技术合作奖获得者、著名结构生物学家雷蒙德·斯蒂文斯作为一位"医学外"科学家，也在本届论坛上发出了与医学界朋友们相同的感慨，他强烈呼吁"科学无国界"。他说："科学家们现在应该做出声明，说科学无国界，我们大家应该一起合作。科学是国际的，我是一名科学家，因为经常在世界范围内进行合作，所以我非常赞同他们的看法，保持科学的国际性。例如基础科学，我们分享观察结果，新冠病毒大流行这件事情就是一个很好的示范，大家一起合作，共同与病毒斗争，而不是每个国家各自为政、不相往来。"

"为了共同的科学，为了相通的命运"，新冠肺炎疫情在考验科学，科学在守护人类。

整体危机之下没有人能够独善其身

当前困扰人类的不仅有新冠肺炎疫情，全球气候加剧恶化、世界性粮食危机以及持续扩大的新冠肺炎疫情以外的公共卫生风险等，都在不断冲击着人类社会的韧性底线，"整体危机"已然成为当前全人类面临的共同挑战。

上海市委书记李强在本届论坛开幕式致辞中对科学家群体发出了殷切呼唤，号召科学家"迎危机而上"，提供应对危机的有效方案、让科技创新更好地造福人类。他说："我们深切地感受到，越是危机时刻，越需要尊重科学、依靠科技，越需要彰显团结的力量、科技的力量。人类要最终战胜这场疫情，世界经济要走出深度衰退，都迫切需要科学技术提供解决方案，迫切需要科学创新催生发展的新动能，迫切需要开展国际的科技合作，让科技创新更好地造福人类。"

2009年诺贝尔化学奖得主文卡·拉马克里希南在接受新华社采访时表示，"相互联系的世界"构成了"互相交往"的我们，整体危机之下没有人能够独善其身。他说："因为我们生活在一个相互联系的世界里，不只要面对新冠肺炎等传染性疾病，我们还迫切需要解决生物多样性、可持续能源和气候变化等方面的难题，全世界人们要以开放和信赖的态度共同协作。即使是非常基础的科学研究，都需要全世界成千上万的科学家共同努力。"

2004年诺贝尔物理学奖得主大卫·格罗斯明确指出："流行性疾病传播、气候变化和全球变暖、核武器威胁，是当今人类所面临的三大危机。"

他就此评论道："科学快速发展促进了社会的进步、经济的蓬勃发展，但是，当人类作为命运共同体存在时，国家与国家之间、政府和企业之间、人与人之间都应该相互合作、协调，共同应对这些危机，而不是开展以国家、政治利益为主导的不良竞争。"作为一位资深的科学界人士，大卫·格罗斯也认为"科学家不仅要做科学研究和预测，更要说出科学的'实话'，并努力让这些'实话'影响到政治决策，从而帮助人类共同应对危机"。

针对"全人类和生物面临的共同威胁"，第三届世界顶尖科学家论坛特设"共同家园"系列峰会。作为"共同家园"系列首场对话，农业与粮食峰会以"再见，饥饿与贫困"为口号，号召科学家与全体地球公民携手共进，以公平稳定、绿色可持续的食品生产、消费新模式造就"无饥饿星球"。在本次论坛的农业与粮食峰会上，2014年沃尔夫农业奖得主雷夫·安德森（Rafe Anderson）介绍，他通过全基因组测序的统计数据，区分了不同地理位置、环境中的鲱鱼种群。这样一来，就有可能彻底改变渔业管理模式，根据种群而非单一的地理纬度来设定鱼类的捕捞配额，从而能够保护生物多样性。2008年沃尔夫农业奖得主约翰·皮克特（John Pickett）则关注食品与农业中的可持续性和集约化。他认为，可以借助可持续的非季节性干预代替化肥、杀虫剂等的季节性投入，通过破解植物信息素的秘密，诱导植物自身释放出化学物质抵御害虫的破坏。

本届论坛设立的"缤纷的生命"生物多样性峰会，则试图"以多视角探讨人类不同族群、人与自然之间的关系"。会上，地球生物基因组计划发起人之一、美国加州大学戴维斯分校进化与生态学教授哈里斯·李文透露：地球生物基因组计划的相关实验室正在开展比较实验，以分析新冠病毒在基因层面上更易与哪些野生动物、家禽家畜以及宠物等相结合。由李文实验室博士后研究人员领导的国际科学家团队，已经对410种动物进行专门测序，比较其基因序列中的ACER基因。在这一基因下，特定生物可存在一种关键受体，能够结合新冠病毒的ACER蛋白。反之，如果生物没有这一受体，就对新冠病毒天然"免疫"。李文指出："最近对恒河猴的相关基因研究，也能证实这一点。"与人同属灵长类的黑猩猩、大猩猩、倭黑猩猩的基因，导致其体内受体与新冠病毒的蛋白结合的风险非常高；鹿、仓鼠、食蚁兽、海豚等其他非灵长类生物的风险级别也较高；虎、羊、猫、牛等动物则处于中等风险水平。由此可见，新冠肺炎防治不独考验着人类的医疗系统，还检验着人类在生态系统安全中的平衡能力，认知、尊重、保护生物多样性就是在保护仍很脆弱的人类的安全。

2020年10月31日，以"何去何从：气候变化与人类命运"为主题的世界顶尖科学家气候峰会举行。会上，清华大学理学院院长、地球系统科学系主任宫鹏教授"一语惊醒梦中人"。他说："我们（人类）现在已经打破了安全的界限，需要面对地球健康的问题了。"为此，宫鹏教授提出以"新的地球健康范式来解决全球问题"，他认为科学界首先要尽快建立全球通行的"地球健康"评价机制，他说："我们还不太清楚多种环境变化对人类健康同时发生作用带来的结果有多严重。地球健康的评价标准需要有更多的数据、有更好的工具，尤其是计算的工具（不仅是气候变化的模型）。这些工具可以帮助发展中国家做出更高质量的气候决策，以避免再走发达国家走过的弯路。"

2019年沃尔夫农业奖得主戴维·齐尔伯曼（David Zielberman）对气候迁移导致的地区农业危机颇为关注。他依据研究成果建议世界主要经济体"综合科学、社会、政治角度去（尽快）考虑地区移民的可能性"，以此缓解全球气候恶化对部分自然禀赋较差、经济韧性较弱地区农业的"毁灭性打击"。在论坛上，戴维·齐尔伯曼也提到了他和同道正在"致力于开发'气候智能农业'项目，希望借此给发展中国家带来更有益、更可持续的新经济解决方案"。

科学无国界：世界顶尖科学家论坛的庄重宣誓

在第三届世界顶尖科学家论坛开幕式上，时任中国科学技术协会党组书记、常务副主席的中国科学院院士怀进鹏倡导全球科技工作者勠力"共塑开放科学"。怀进鹏指出："科学在开放中前进，知识在流动中增值，封闭、阻断、禁锢是对科学精神的最大亵渎。"为此，他真诚建议世界科学家、科技政策制定者们团结起来，"以更加开放的姿态，共同建设全球治理体系，推动多边、区域等层面科技治理规则协调"。世界顶尖科学家协会副主席、1997年诺贝尔物理学奖得主、中国科学院外籍院士朱棣文也在开幕式演讲中发出了同样的呼告："我相信，其他领域的竞争不应在科学领域发生。"

第三届世界顶尖科学家论坛在2020年10月底11月初召开之际，新冠肺炎全球大流行形势严峻，但正是在如此复杂多变的环境下，几位世界顶尖科学家甘冒风险、不畏艰难，亲临中国参加本次盛会。世界顶尖科学家协会主席罗杰·科恩伯格本可以"线上出席"本次盛会，但再三权衡后他还是毅然决然地亲临现场，与中国科学界朋友们展开面对面互动。世界顶尖科学家协会秘书长王侯先生满心感动地向记者讲述了罗杰·科恩伯格此次来华的细节："坦率地说，我们本来做好了海外科学家都无法到现场参会的准备。但是罗杰·科恩伯格认为，现场参会是自己的分内事，只要有一丝可能性就要去争取。最后，各方的共同努力促成了他此次来华，这确实非常不容易。"

2013年诺贝尔化学奖得主、美国斯坦福大学结构生物学教授迈克尔·莱维特也冒着感染新冠肺炎的风险，承担着14天长时间隔离的压力，义无反顾地选择与妻子一同来到中国参加第三届世界顶尖科学家论坛。莱维特表示他此次"毅行"来华的重要目的是"希望与中国的年轻人面对面交流"，在给参加"T大会"的中国"小科学家"做启蒙报告时，他暖心地将演示文稿翻译成中文。对于这一主办方约请之外的"在地化"行为，莱维特的表态平淡又感人，他说："我期待通过展示中文演示文稿，让更多的孩子快速理解我的演讲内容。"

世界顶尖科学家协会上海中心执行理事长裘正义告诉记者，第三届世界顶尖科学家论坛的最大特点就是在疫情的背景下克服种种困难，跨地域跨时区，把科学家聚合在一起，显示出科学本身的力量和科学家对人类命运共同体的关注，这是对"科学无国界"精神的有力实践。据大会组委会统计，参与本次论坛的140位全球顶尖科学家、200余位优秀青年科学家来自四大洲的25个国家和地区。令人惊讶的是，在这全球新冠肺炎疫情出现秋冬"二次流行"高峰的困难时日，参加第三届世界顶尖科学家论坛的学者人数不但没有减少，反而较之于前两届出现了较大幅度增长。

世界顶尖科学家社区是本届世界顶尖科学家论坛的一大突出亮点。2020年10月30日，世界顶尖科学家社区在上海挂牌启幕。该社区建设宗旨明确表示"全球科学家无论国籍、不分年龄，都可以入驻"。在这里，世界级"最强大脑"能够"在学术交叉和思想碰撞中寻找解决人类共同难题的办法"。

2020年5月发布的《世界顶尖科学家社区规划》将"定位无国界""主体无国界""平台无国界"视为贯穿该社区建设的核心灵魂。针对科学"无国界"带来的"人类命运共同体"效应，世界顶尖科学家社区提出要坚信"人类共处于同一磁场，命运相吸"，由此将坚定不移地"协力解决全球性问题"。在描述世界顶尖科学家社区长期目标时，《世界顶尖科学家社区规划》还提到要"以解决兼具科学性、社会性、经济性的人类命运关键问题为愿景"。2020年5月6日，上海市领导在上海自贸试验区临港新片区调研时提出："希望依托顶尖科学家论坛，与各国科学家深入开展交流合作，加快推动生命健康科研突破和生物医药产业发展，要加快打造更具国际市场影响力和竞争力的特殊经济功能区，加快建设开放创新、智慧生态、产城融合、宜业宜居的现代化新城。"

未来，世界顶尖科学家社区这块位于上海自贸试验区临港新片区、规划面积为2.5平方千米的高端人才聚集地，将吸引全球顶尖国际组织总部入驻，形成具有全球资源配置能力的特殊经济功能区。落成开园后，世界顶尖科学家社区将面向国家重特大需求，聚焦生物医药、人工智能、集成电路、新能源、新材料、量子科学等世界科技前沿领域，打造"国际领先的科技策源地、联通世界的科学创新港、聚智全球的科学组织总部基地、机制灵活的离岸创新区"，致力于成为全球科技共同体的标志性空间。

从与会官员、专家学者不约而同地强调国际合作，到一些海外科学家不顾疫情风险毅然亲自来华参会，再到"同呼吸共命运"的空间——世界顶尖科学家社区项目落地，第三届世界顶尖科学家论坛秉持了国际合作传统，丰富了国际科学合作内涵，增进了中国与世界科学界的深厚友谊。这是一场"向危机宣战"的科学大会，更是一场"因危机而团结"的人类命运共同体大会。

科学进步无疑需要开放的沟通生态

科学造福社会的"转化"过程需要沟通交流。同理，科学自身的进步，亦完全无法脱离开放的沟通生态。

在本届论坛开幕式上，世界顶尖科学家协会主席罗杰·科恩伯格满怀深情地畅想了"全世界科学家团结起来"的美好愿景。他说："科学家作为彼此平等的朋友，经常需要在平等的基础上互动，不论他们的国籍是什么，不论他们的意识形态是什么。"

世界顶尖科学家协会副主席朱棣文在接受论坛视频连线采访时，充满期许地说："未来跨国界沟通交流将变成常态，青年科学家和顶尖科学家面对面的机会更多，科学家们的经验可以相互补充、相互学习，共同实现技术变革。"

拉斯克基础医学研究奖得主大卫·鲍尔科姆（David Balcombe）在回答青年科学家提出的"小国科学家如何成长"这一问题时，语重心长地谈道："我们这一代科学家在职业生涯当中，经常与国际上的科学家一起合作和交流，我觉得这对于我们的职业生涯发展是非常有作用的。无论是小国家还是大国家，我们其实都可以进行国际合作，我们要保持这种科学家之间的想法交流。当然，我们现在经历着疫情，我不知道疫情会存在多久，但即使是这样的情况下我们仍然要加强这种交流和合作。"

本届世界顶尖科学家论坛上，人类历史上首张黑洞照片缔造者、"事件视界望远镜"合作项目创始人谢普德·多尔曼（Shepard Dolman）谈道：

"黑洞是一种打破身份和地域隔阂，将人类紧紧联系在一起的纽带。"多尔曼与同事们拍摄的那张"泛着橙光的模糊照片"虽然"画质还不如几十元的简陋相机所摄"，但着实凝结着全球无数科学家的心血。多尔曼透露，"事件视界望远镜"合作项目"跨越20个国家和地区，有60家机构联合参与、200多名成员加盟"。人类历史上首张黑洞照片无疑充分体现了该项目的"全球性"底色：2017年4月，从美国夏威夷到智利，从伊比利亚半岛到南极的多台射电望远镜在同一时刻对准同一黑洞"拍摄"，此后多国科研人员花费近两年的时间进行数据处理及理论分析，这张来之不易的黑洞"首照"才被"冲洗"出来。

在"顶尖实验室：世界顶尖科学家特别论坛"上，索尔克生物研究所总裁、2020年干细胞研究国际大奖得主卢斯提·盖之（Lucti Gaige）严肃批评了保守主义国际政治干扰科学研究的现状。盖之同时也指出：科学家的团结合作将凝聚起"抵抗'逆全球化'的潮流"。他说："国际科学合作是非常非常重要的，特别是在现在这种状况下——当今整个世界的政治局势不稳定，有很多国家之间的关系比较紧张。这种全球关系的紧张一方面是因为疫情，另一方面也是源自全世界范围内'国家主义'的兴起。自由交换理念特别受其影响，科学家也因此面临巨大阻碍。我们希望能够在世界各国建立合作中心或会议中心，以此抵抗'逆全球化'的浪潮。"

位于以色列耶路撒冷的希伯来大学是一所闻名世界的高等学府，建校100多年来，共培育出作为该校教授或校友的8位诺贝尔奖得主。希伯来大学校长阿舍尔·科恩（Asher Cohen）教授应约线上出席了第三届世界顶尖科学家论坛，科恩在致辞时指出："新冠病毒肆虐，对包括高校间合作在内的许多类型的全球合作都形成了前所未有的挑战，然而这也正是需要全球科研机构、大学加强合作的机遇。"在他的领导下，希伯来大学已和出席论坛的许多大学建立了广泛合作。譬如，2013年以来，希伯来大学与上海交通大学在学生交换、暑期项目、联合设置种子基金乃至授予联合学位等诸多层面建立了合作关系。2020年夏季，希伯来大学与上海交通大学联合启动了一项旨在推动两校新冠病毒研究工作的全新种子基金计划。科恩在讲话中明确提出："我坚信疫情只是短期挑战，而希伯来大学始终坚持国际合作这一长期目标，所有高校也都将尽快找到一种合作形式以恢复大学间的国际合作。"

科恩的观点绝非个案。在2020年10月29日召开的"世界顶尖科学家大学校长论坛：科技发展与大学使命"上，与会各国校长纷纷亮出了"秉持合作理念，全球协同共赢"的高校"开放办学"宗旨。澳大利亚墨尔本大学校长邓肯·马斯克尔（Duncan Maskell）教授表示："全球的合作和协作也是非常重要的，打造这样一个非常强有力的协作机制是推动科学发展极为重要的一个方面。我们不能让地缘政治影响研究人员和大学之间富有成效的联系，我对此非常坚定。"

法国巴黎文理研究大学校长阿兰·福克斯（Alain Fuchs）教授的讲话则精辟总结了"全球化与大学的血脉相连"："大学拥有全球的知识，这也是它的一个优势。全球化和国际化可以说是大学最为关注的重点，全球化、世界化有益于大学所有的学术、文化、社会活动。"

全球化受益者正在坚守"科学相向而行"

在特朗普就任美国总统以后，美国政府强化了对中国高科技企业的全方位打压。但美国大部分科技企业依旧看好中国市场、坚定与中国企业展开各方面的深度合作。对此，上海市科学研究所张仁开研究员评论道："自1979年1月31日邓小平与卡特在华盛顿签署中美两国政府间第一个正式合作协定——《中美科技合作协定》以来，与经贸合作一样，科技合作已成为中美关系的重要组成部分。2016年，两国续签了《中美科技合作协定》，双方科技合作日趋频繁，合作领域不断拓展，合作模式不断丰富，形成了从政府到民间全方位、多层次、宽领域的合作交流格局。尽管近两年来，中美经贸摩擦不断升级，但我国强大的制造业基础、庞大的市场和更加开放的营商环境，仍然吸引着美国的科技公司寻求与中国合作。"

诚如张仁开所言，当前世界经济全球化与科技全球化正相互促进，国际合作不断深化。全球化受益者——高科技企业，以及大型科技工程实践家们正在因"互利共赢"而更加坚守"科学相向而行"。在第三届世界顶尖科学家论坛大门内外，国际科技企业的合作与融合发展正在日新月异地丰富着"科学无国界"的实践。

瑞士诺华集团是一家长期致力于"突破性创新药物"研发、生产的大型跨国药企。在第三届世界顶尖科学家论坛上，诺华集团（中国）与世界顶尖科学家协会（WLA）签约。诺华集团（中国）将在其上海园区内为世界顶尖科学家协会安排办公、实验室设施，以此助力多学科合作、创建丰富多元的人才库，进而形成长期的良性循环，构建起科技创新的友好生态。上海市科学技术委员会副主任王晔高度赞赏了本次合作："诺华携手WLA签署战略合作备忘录，既是响应国家在治疗药物和疫苗研发、防控等多个重要领域开展科技攻关和跨国合作的号召，也非常符合当前中国经济社会发展和全球科技创新发展的方向。"瑞士驻上海总领事曾礼惟（Olivier Zehnder）也对诺华集团与世界顶尖科学家协会的合作表示热烈祝贺："在制药与医疗创新方面，瑞士长期处于世界领先地位，未来也希望能够进一步加强与中国在医疗卫生领域的多元合作，共同为建立卓越的创新生态系统做出贡献。"

对医药领域的全球化受益者而言，可以说是"因祸得福"，最近出现的一次重大历史机遇便是新冠病毒疫苗研发。在最近召开的第三届"进博会"上，各国研制的新冠疫苗成为展会一大亮点。阿斯利康、辉瑞、复星医药等国际知名新冠疫苗研发企业纷纷把最新研发进展带入"进博会"。此次"进博会"展出的新冠疫苗研发动态，不少已有成果都来自跨国密切合作。复星医药董事长兼首席执行官吴以芳向媒体透露，早在疫情初起的2020年1月29日，复星医药就紧急联络了德国著名生物医药企业拜恩泰科（BioNTech）寻求合作。在短短六周之后，复星医药便与拜恩泰科签署了合作协议，复星医药获准在中国大陆及港澳台地区独家开发、商业化生产拜恩泰科拥有专利的mRNA疫苗。很快，这一中德企业间"应急合作"取得丰硕成果：2020年7月16日，复星医药和拜恩泰科合作研发的首款新冠疫苗在中国获得B1临床试验批准。一个多月后，"复星–拜恩泰科"新冠疫苗B1一期临床试验数据出炉——144例受试者免疫效果良好，一款优秀新冠疫苗向前迈出了一大步。

受益于科技全球合作的企业也赢得了科学家的高度肯定。在第三届世界顶尖科学家论坛上，2013年诺贝尔化学奖得主迈克尔·莱维特略显激动地对央视采访记者表示："我是中国科技产品的头号粉丝，我对中国的技术特别着迷，我热爱中国的技术，我喜欢用微信支付。支付宝、滴滴，这些我都在使用。如果你在中国有一部手机，你都不需要会说中文，事情就全能搞定，我用手机做翻译，我非常喜欢中国的技术。就像美国加利福尼亚州设计的苹果手机来到中国，中国的这些科技产品也能够走向世界，就像现在的抖音一样红遍全球，就应该是这样。"

大型科技工程往往对项目资金、高水准人力资源有极为严苛的要求。因此，在科技全球化浪潮中，一些物质保障要求高、人力成本超出一国负担能力的大型科技工程可以通过国际合作形式加速上马。据中国科学院院士、2014年潘诺夫斯基实验粒子物理学奖获得者王贻芳估算，在圆形正负电子对撞机第一期工程中，国际力量能贡献30%左右的经费，而国际科研人员的参与度预计会超过50%。由于整个圆形正负电子对撞机项目所需要的人员数量高达数千，本项目"国际科学交流"加盟者将十分庞大。

在新冠病毒荼毒全球、孤立主义席卷西方世界、部分国家科学"让位于"政治的今天，第三届世界顶尖科学家论坛非常及时地聚焦"国际合作"，既"诉共情"，又"话共赢"，以相向而行的科学理性为国际不信任释压。新冠肺炎疫情按下了部分国家"逆全球化"的加速键，但无疑也促使科学家们更坚定开放合作的信念，朝着"共同的美好科学"昂首迈进。我们可以信赖科学，信赖"携起手来"的国际主义科学——那是我们走出当今"整体危机"的法宝，亦是我们走向"可持续"明天的不灭航灯。